大家小书

张晋藩 著

中华法文化史镜鉴

北京出版集团
北京出版社

图书在版编目（CIP）数据

中华法文化史镜鉴 / 张晋藩著. — 北京：北京出版社，2022.4（2024.9 重印）
（大家小书）
ISBN 978-7-200-16511-1

Ⅰ. ①中… Ⅱ. ①张… Ⅲ. ①法律—中国—文集 Ⅳ. ① D9-53

中国版本图书馆 CIP 数据核字（2021）第 133073 号

总 策 划：安　东　高立志　　责任编辑：侯天保
责任印制：陈冬梅　　　　　　责任营销：猫　娘
装帧设计：金　山

· 大家小书 ·

中华法文化史镜鉴
ZHONGHUAFAWENHUA SHI JINGJIAN

张晋藩　著

出　　版	北京出版集团 北京出版社
地　　址	北京北三环中路 6 号
邮　　编	100120
网　　址	www.bph.com.cn
总 发 行	北京出版集团
印　　刷	北京华联印刷有限公司
经　　销	新华书店
开　　本	880 毫米 ×1230 毫米　1/32
印　　张	11
插　　图	18
字　　数	187 千字
版　　次	2022 年 4 月第 1 版
印　　次	2024 年 9 月第 3 次印刷
书　　号	ISBN 978-7-200-16511-1
定　　价	59.00 元

如有印装质量问题，由本社负责调换
质量监督电话　010-58572393

张晋藩先生参加《国家宝藏》节目拍摄时留影(2017)

研究生时期照片（20岁）

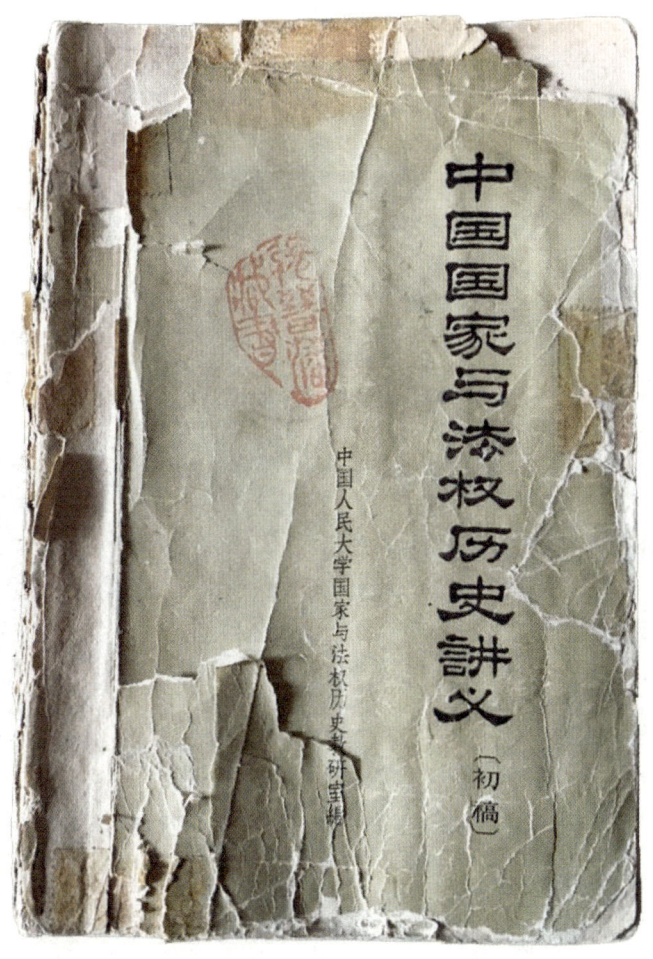

张晋藩先生早期著作《中国国家与法权历史讲义》(1963),为新中国成立后有关中国法制史学科的第一部正式教科书

与第一届博士生郑秦（左一）、怀效锋（右二）、朱勇（右一）在图书馆（1984）

与第一、二、三届博士生讨论问题

《中华大典·法律典》编纂工作会议（1996）。该丛书由张晋藩先生主持编纂，包括《法律理论分典》《诉讼法分典》《行政法分典》《刑法分典》《民法分典》《经济法分典》6个分典，总计23册，近4200万字，历时23年最终出版完成

《中国少数民族法史通览》出版座谈会（2017）。该丛书由张晋藩先生主持编纂，共十卷，384万字，涵括34个少数民族的法制历史，历经17年最终出版完成

应邀在"部级领导干部历史文化讲座"授课(2017)

著作等身

伉俪情深

在美国哈佛大学费正清研究中心讲演并与该中心主任孔飞力教授等合影(1982)

在日本中国法制史学会作报告，东京大学教授滋贺秀三主持(1983)

在日本中央大学比较法研究所讲学(1983)

在美国哥伦比亚大学查阅资料(1985)

在韩国汉城大学讲学(1993)

出访以色列(2007)

《中国法制通史》（全十卷）法律出版社1999年版

《中国法制通史》（全十卷）中国法制出版社2021年版

总　序

袁行霈

"大家小书",是一个很俏皮的名称。此所谓"大家",包括两方面的含义:一、书的作者是大家;二、书是写给大家看的,是大家的读物。所谓"小书"者,只是就其篇幅而言,篇幅显得小一些罢了。若论学术性则不但不轻,有些倒是相当重。其实,篇幅大小也是相对的,一部书十万字,在今天的印刷条件下,似乎算小书,若在老子、孔子的时代,又何尝就小呢?

编辑这套丛书,有一个用意就是节省读者的时间,让读者在较短的时间内获得较多的知识。在信息爆炸的时代,人们要学的东西太多了。补习,遂成为经常的需要。如果不善于补习,东抓一把,西抓一把,今天补这,明天补那,效果未必很好。如果把读书当成吃补药,还会失去读书时应有的那份从容和快乐。这套丛书每本的篇幅都小,读者即使细细地阅读慢慢地体味，也花不了多少时间，可以充分享受读书的乐趣。如果把它们当成补药来吃也行，剂量小，吃起来方便，消化起来也容易。

我们还有一个用意，就是想做一点文化积累的工作。把那些经过时间考验的、读者认同的著作，搜集到一起印刷出版，使之不至于泯没。有些书曾经畅销一时，但现在已经不容易得到；有些书当时或许没有引起很多人注意，但时间证明它们价值不菲。这两类书都需要挖掘出来，让它们重现光芒。科技类的图书偏重实用，一过时就不会有太多读者了，除了研究科技史的人还要用到之外。人文科学则不然，有许多书是常读常新的。然而，这套丛书也不都是旧书的重版，我们也想请一些著名的学者新写一些学术性和普及性兼备的小书，以满足读者日益增长的需求。

"大家小书"的开本不大，读者可以揣进衣兜里，随时随地掏出来读上几页。在路边等人的时候，在排队买戏票的时候，在车上、在公园里，都可以读。这样的读者多了，会为社会增添一些文化的色彩和学习的气氛，岂不是一件好事吗？

"大家小书"出版在即，出版社同志命我撰序说明原委。既然这套丛书标示书之小，序言当然也应以短小为宜。该说的都说了，就此搁笔吧。

构建法律体系 重塑中华法系
——张晋藩先生的学术情怀与社会责任

朱 勇

从事法律史研究,既需要在学术研究上具有史学与法学的双重知识结构,也需要在学术生涯中兼具史学家、法学家的双重学术品格:浓郁的学术情怀,坚定的社会责任。没有浓郁的学术情怀,没有厚重的文化底蕴,没有"板凳要坐十年冷"的学术韧劲,对于法制史的研究难以深入;没有坚定的社会责任感,没有对于国家、民族、社会鞠躬尽瘁的赤子之心,在法学研究方面,也难以形成有助于法制进步、国家发展的优秀学术成果。在这一方面,张晋藩先生身体力行,给我们做出了表率。

张晋藩先生在学术生涯中保持着史学家浓郁的学术情怀与法学家坚定的社会责任,集中体现在关于构建中国古代法律体系、重塑中华法系两大学术贡献上。构建中国古代法律体系,是张先生在其学术生涯中长期关注的一个重要问题。

20世纪50年代,中国学术界在中国法制史研究方面,采纳苏联学术界关于"国家与法权历史"的理论体系。这一体系有其理论上的优长,但也有重大不足,特别是较少关注对于法律内部结构、内在规律、内在特征的分析与研究,忽视对于中国古代法律鲜明的民族特征、独特的社会作用的探讨。从20世纪70年代末开始,以张晋藩先生为代表的一代学者,勇于开拓,善于思考,在中国古代法律体系构建方面取得重要成就,其早期标志性成果是先生主持编写的《中国法制史(第一卷)》(中国人民大学出版社1981年版)以及全国高等学校法学统编教材《中国法制史》(群众出版社1983年版)。这两部教材关于古代法律体系的构建实现了两大回归:回归中国,回归法律;紧扣中国古代国情,紧扣中国古代法律理论、法律制度、法律实践,全面分析中国古代法律发生、发展的规律及其特征。90年代先生出版《中国古代法律制度》(中国广播电视出版社1992年版),主持编写并任总主编的《中国法制通史》(法律出版社1999年版)出版。以此为标志,关于中国古代法律体系的研究走向成熟,并达到新的高度。

对于古代法律体系的研究,张晋藩先生从不固步自封,从不自我满足。先生常说,希望你们后学晚生,能够在现有的基础上不断研究,勇于探索,以取得新的成就。

在学术研究方面，张晋藩先生还展现出一名杰出法学家所具有的强烈的社会责任感。先生的研究既专注于书斋，又不限于书斋。先生历来主张，中国法制史学研究的是历史，而面对的是现实；中国法制史学生命力之一，在于为现实的法治建设提供历史的借鉴。中华法系问题，特别是中华法系的起源、发展、特点等问题，是中国法制史研究重要的基本理论问题，也是中国法制史研究宏大的学术战略问题。对于这一问题，先生给予了长期的关注，并做出卓越贡献。1980年，先生在《法学研究》上发表《中华法系特点探源》一文。此后，先生出版、发表了一系列著作、文章，对于中华法系的形成背景、主体内容、发展规律、基本特征、社会作用等，进行了系统、深入的分析与阐发。

对于中华法系的研究，张晋藩先生不是简单地就历史谈历史，而是关注民族复兴与中华法系重塑的关系。世纪之交，先生先后发表《重塑中华法系的几点思考》《重塑中华法系与中华民族的伟大复兴》等论文。先生认为，中华民族的复兴，首先是中华文化的复兴；而在中华文化复兴中，法文化又是其重要组成部分。只有传承弘扬中华民族优秀法律传统，深深扎根于特定的中国国情文化，才能建立符合中国发展需要的中国特色社会主义法治体系。

基于史学家浓郁的学术情怀,基于法学家坚定的社会责任,张晋藩先生把他60多年的时间、精力和心血,贡献于中国法制史学,贡献于当代中国法治建设。先生作为中国法制史学的奠基人、引领者和主要推动者,通过60多年的努力,奠定了中国法制史学的学术基础,引领着中国法制史学的学术方向,并与中国法制史学老中青学者一起,共同铸造了中国法制史学的一代学术辉煌。

2021年8月30日

目 录

辑一 鉴古明今的中华法文化

003 / 从历史深处走来的法制精神

008 / 中国法制史的治世功能可谓多矣
　　　——我读书治史的体会

015 / 从传统法律文化看坚韧进取的民族精神

018 / 撷取法律传统的精华

021 / 中国古代法文化中的警示观点

025 / 鉴古明今的八大法制观点

031 / 中华法文化的历史镜鉴

036 / 奉法者强则国强

040 / "立善法于天下，则天下治"

047 / 无法制则无盛世

053 / 引礼入法　礼法结合

058 / "法与时转"与"因俗而治"
　　　——谈古代中国的立法传统

063 / 依法治国话权威

066 / 民惟邦本：古代治国重要经验

069 / 德法共治：中国传统法文化的精髓

078 / 中华法系的价值与中华法系的重塑

085 / 大力弘扬中华法文化

088 / 构建中国特色的法治话语体系

辑二　中国古代的官吏管理

103 / 中国古代察官治吏的法制经验

106 / 中国古代"治理"的一项重要经验

112 / 论中国古代的行政组织法

118 / 官员任免与考选：从秦到清的演进

124 / 中国古代司法官的选任与培养

128 / 惩贪及奖廉并举的考课法
　　　——廉政法制建设的先导

132 / 任法与任吏相统一
　　　——一条成熟的治国之策

138 / "有官必有课，有课必有赏罚"

142 / 讲读律令：明朝官吏普及法律的硬任务

147 / 秦汉时期的法律宣传

153 / 古代官吏的"普法教育"

辑三　中国古代的监察与廉政

159 / 察吏是治国之本

　　——中国古代监察制度的历史镜鉴

167 / 治官需先察官

171 / "政之理乱"系于监察

179 / 中国古代监察制度及借鉴意义

198 / 中国监察体制改革的历史文化渊源

204 / 我国汉唐时期的监察法制

207 / 唐代：中国古代监察制度的定型阶段

209 / 我国汉唐宋的行政监察制度

215 / 我国明朝的行政监察制度

218 / 清朝的行政监察制度

221 / 廉政法制：中华法制文明的亮色

226 / 惩贪立法

　　——廉政法制建设的基石

230 / 廉政舆论

　　——廉政法制建设的先导

辑四　中国古代的司法镜鉴

237 / 中国古代国情背景下的司法制度

264 / 古代司法文明的人文关怀：法、理、情的联通

268 / 判词与文风密不可分

272 / 以五声听狱讼

275 / 中国古代司法中的"罪刑法定"

279 / 调解息讼的司法传统与崇尚和谐的中华民族精神

284 / 附一　我的学术自述
302 / 附二　在法律史研究中破除西方中心论
　　　　——访著名法学家张晋藩先生

辑 一

鉴古明今的中华法文化

- 从历史深处走来的法制精神
- 中国法制史的治世功能可谓多矣
  ——我读书治史的体会
- 从传统法律文化看坚韧进取的民族精神
- 撷取法律传统的精华
- 中国古代法文化中的警示观点
- 鉴古明今的八大法制观点
- 中华法文化的历史镜鉴
- 奉法者强则国强
- "立善法于天下,则天下治"
- 无法制则无盛世
- 引礼入法 礼法结合
- "法与时转"与"因俗而治"
  ——谈古代中国的立法传统
- 依法治国话权威
- 民惟邦本:古代治国重要经验
- 德法共治:中国传统法文化的精髓
- 中华法系的价值与中华法系的重塑
- 大力弘扬中华法文化
- 构建中国特色的法治话语体系

从历史深处走来的法制精神

中华民族自形成起经历了数千年的发展过程,形成了优秀的民族精神和文化传统。这是中华民族的宝贵财富,其中不乏超越时空的内容。在中华民族伟大复兴展现出光明前景的伟大时代,将中华法制史上所体现出的优秀民族精神加以条分缕析、弘扬光大,可以成为中华民族伟大复兴的一个支点。

重理性思考,不受宗教干预

中国在夏商时期,由于生产力水平低下,人们视野受到局限,认为现实的刑法都是由天所定,所谓"天讨有罪,五刑五用"。至商纣王重刑辟,使国势衰微。周朝统治者鉴于商亡教训,把关注的焦点从天上转移到地上,从神转移到人,提出了具有充分理性思考的一系列观点。如主张明德慎罚,强调以德来主宰用刑。

从周朝起的漫长古代社会,立法、司法都显示出了对理性思考的重视,虽然具体表现为先贤个人的主张或制度建设,但从总体上体现了中华民族的民族精神。

立法方面强调因时立法、因势立法。因时立法，是根据社会的变迁而相应地进行立法活动，所谓"法与时转则治"；因势立法，是根据形势的不同而区别立法，所谓"刑新国用轻典，刑平国用中典，刑乱国用重典"。在立法技术方面，有因案成律（例）的立法原则。如清朝的《大清律例》修成以后律文不再改动，而以随时增补的条例来弥补律文的不足。各省上报的典型案例，经过刑部审定而后修订成条例，附于大清律之后。这个过程就是因案成例的过程，使得对于某个案件的个别调整上升为一般调整。

宗教对于中国几千年的立法司法影响极小。虽然道教、佛教先后成为过统治者信奉的宗教，也影响了统治者的自然观、政治观、宗教观，但宗教并没有深入到政治法律领域。相反，一旦宗教势力膨胀，干预了政治和司法，便会遭到打击。中国古代的统治者对于宗教保持高度的政治警觉。唐朝安史之乱以后，寺院占有大量土地，势力膨胀，交结藩镇，影响到国家的统治。因此，唐武宗下令灭佛，在全国范围内拆毁庙宇，强制僧侣还俗，使佛教遭到沉重打击。

重教化，轻刑责

早在周朝建立后提出的"明德慎罚"，就是强调教化为先而刑焉其后。周公制礼作乐，既是建立宗法等级所需要的秩序，同时以乐配合，使民心趋同，发挥乐的教化功能。

孔子在教化与司法的关系上也强调教化的作用。他说："礼乐不兴，则刑罚不中；刑罚不中，则民无所措手足。"汉以后形成了德礼为主、刑罚为辅的指导原则。汉儒认为"礼者禁于将然之前，而法者禁于已然之后"。

在教化为先的思想影响下，刑法的功用除惩治犯罪外还有禁民为非之意。所谓明刑弼教、轻刑责是与重教化相对而言的，绝不意味着轻视刑在禁暴惩奸上的作用。

这种理性化的伦理道德学说是中华法系得以屹立于世界法制文明的理论基础。虽然个别王朝如秦末、隋末、明末出现过滥用刑罚的现象，但那是一个王朝败亡前的征兆。总的说来，重教化、轻刑责是一个体现民族精神的行之有效的法律传统。

重诚信，恶诈伪

孟子说："诚者，天之道也；思诚者，人之道也。"在唐律所规定的市场法中根据诚信原则制定了一系列规范，比如度量衡器要定时校正，避免误差。商品的质量要合乎规格，要加印制造者的姓名以示责任，不合规格的依法制裁。商品交易时不得从旁高下其价，违者治罪。

与"诚"相联系的是"信"。孔子说:"人而无信,不知其可也。"又说:"自古皆有死,民无信不立。"春秋战国时期,法家变法时都强调"信"。商鞅"立木为信"的故事传诵千古。法家还强调,法立之后不得以私干法。邓析说:"今也立法而行私,与法争,其乱也,甚于无法。"

法是作为"大信"公布于天下的。在儒家经典中"信"是"五常"之一,五常是处理各种社会与人际关系的常道。即使在当代的经济往来中,"信"也是重要的准则。否则,法律失掉权威,法制秩序也就不存在了。

重诚信必然恶诈伪,封建时代的法律对于欺诈行为、贩卖虚假器物均要依法制裁。清朝时期江南某地商人贩卖假药,被处刑之后立碑为记,以警示世人。从社会普遍的意识来看,诚信者为君子,欺诈者为小人,而小人是为民众所不齿的。

重和谐,息争讼

重和谐是中华民族人际交往中的一种价值取向,如和为贵。但和谐不限于人与社会、人际之间的和谐,还有人与自然的和谐,即人的行为要符合自然规律。如"春三月山林不登斧,以成草木之长",即树木生长的季节,法律禁止砍伐树木。在秦简秦律中也明确规定:"春二月,毋敢伐材木山林及雍(壅)

隄水。"

除人与自然和谐外,人与社会的和谐、与家族的和谐也是法律所要求的。为了使社会和谐,法律提倡调解息争,民事案件与轻微刑事案件可以经过调解和息争讼。中国古代的调解制度始于汉朝,延至明清不断发展,至清代调解制度已经趋于规范化。

但重和谐不等于无争讼。从现存的民事刑事档案来看,封建时代的百姓并不是那么缺乏法律意识。他们相信王法会带来公正的判决,尽管耗力费时也要争取公正的司法审判。良法与贤吏的结合恰恰是封建盛世的重要原因。

(原载《人民日报》2013年2月1日第7版)

中国法制史的治世功能可谓多矣
——我读书治史的体会

1950年春我在中国人民大学法律系学习，1952年7月研究生毕业以后，分配我从事中国国家与法权历史即今天的中国法制史的教学与研究工作。从此，便心无旁骛地与中国法制史结下了不解之缘。弹指一挥间，在法史深处探寻六十余年过去了。在这六十年间，法制史学也和整个法制一样经历了曲折迂回、跌宕起伏的发展过程，直到改革开放以后才真正获得了繁荣昌盛的契机。下面谈谈我读书治史的一点体会。

追求历史的真实，恢复法制史的本来面目

法制史是一部专门史，主要以法制从古到今的发展为研究内容。研究法制史最基本的出发点就是求实求真，这可以说是历史科学的属性。孔夫子讲过许多无征不信、阙以存疑的话。他说："殷因于夏礼，所损益可知也。周因于殷礼，所损益可知也。其或继周者，虽百世可知也。"又说："夏礼吾能言之，杞

不足征也，殷礼吾能言之，宋不足征也。文献不足故也。足，则吾能征之矣。"司马迁著《史记》不仅对史料进行考辨，有些还进行实地考察。如司马迁听淮阴人说韩信之母葬于高敞地，亲临考察，视其母冢，曰"良"。这种信而有征追求历史的真实性的史学传统，对后世极有影响。清代史学家章学诚说："传人适如其人，述事适如其事。"李大钊也说："凡学都所以求真，而历史为尤然。"古希腊史学家波里比阿对真实与史学的关系说得非常形象："'真实'之于历史，犹如双目之于人身，如果挖去某人的双眼，这个人就终身残废了；同样，如果从历史中挖去了'真实'，所剩下来的岂不是无稽之谈？"凡是信而有征的历史称为"信史"，真实地叙述历史的本来面貌称为"直笔"，这些都对我的法制史研究有着极其重要的影响。不仅如此，日本侵略者公开篡改中国历史的行径，促使我从反面加深了对追求历史真实性的认识。

我小的时候在东北生活，那时正处于伪满洲国统治时期，我们读的书本里面充斥着被日本人篡改的历史。说什么满洲国人是"天照大神"的后代，"满洲自古就不属于中华"等，他们要借此消弭现实中存在的中华民族的民族感。清代有一位著名的思想家龚自珍就曾经说过一句非常经典的话："灭人之国，必先去其史。"可见真实的历史对于一个国家的重要性。再看当今日本右翼势力为什么热衷于篡改历史，篡改教科书，美化侵略，其用心不言自明。

当然需要区分由于不了解历史的真实而有所误解和恶意篡改历史的界限。譬如，中国古代法制史中有没有民法便是一个众说纷纭的问题。外国学者武断地说中国古代只有刑法没有民法，其影响很大。今天国内也有些学者认为中国古代重公权，忽略民事立法。需要指出的是，在专制制度的统治下，确实是重公权轻私权，重视国家利益，漠视个人的权益，但这是相对的，如果只重公权而无视私权，不可能维持四千多年没有中断的中国历史。为了保护私权益，中国古代也进行了民事立法，中国古代确实没有一部民法典，也没有近代市民社会的民法，但是中国古代也有自己的固有的民法。晚清修律时，修订法律大臣俞廉三等在《秦呈编辑民律前三编草案告成折》中说："吾国民法，虽古无专书……贞观准开皇之旧，凡户婚、钱债、田土等事，摭取入律，宋以后因之，至今未替，此为中国固有民法之明证。"认为中国古代只有刑法没有民法，不仅不符合中国法制历史的真实，而且是对中国古代所形成的完整法律体系的否定，也是对中华法制文明的价值与中华法系地位的贬低。

中国古代法律的内容精彩纷呈,应发挥法制史的"治世"功能

法制史学作为一门学问,绝对不是所谓的钻故纸堆,而是有其重要的现实意义,就是发挥历史的功能问题。关于史学的治世功能,古人论者多矣,孔子修春秋,意在整饬礼崩乐坏的世道。司马迁写《史记》,也不是为史而史,他志在"述往事,思来者",把过去和未来贯通起来。刘知幾更把历史看成"有国有家者,其可缺之哉?"可见,他们何等重视史学的"资政"、借鉴和预测未来的作用。

史学的另一个功能是正人心,厚风俗。孔子修春秋而乱臣贼子惧,说明乱臣贼子害怕被钉在历史的耻辱柱上。中国法制史作为典章制度的历史,其承载的治世功能可谓多矣。早在1986年,我在给中共中央书记处讲课时,题目就是"谈谈中国法制历史经验的借鉴问题",主要谈了以下几点:

首先,法治和盛世的关系。法制兴则国兴,法制废则国危。中国古代的盛世,比如成康之治、文景之治、贞观之治、开元盛世、康乾盛世等,都是法制施行得比较好的时期。就贞观之治而言,贞观法治有很多值得肯定的地方。比如:立法简约,保持稳定;以法论罪,划一用法;明法慎罚,防止枉纵等。这

些都在制度上保证了贞观时期的稳定和繁荣。

其次，改制和更法的关系。我举商鞅和王安石的法制改革的例子，一成功一失败，原因何在？当然原因很多，言人人殊，但我认为商鞅法制改革的成功在于，依法惩治守旧派；确立法权，法必信；并顺应了经济发展的必然趋势。而王安石法制改革失败则是因为：第一，面对反对势力，魄力不够，不能严肃地绳之以法，严厉打击；第二，未能把改革后的新财经体制进一步制度化和法律化；第三，治法与治吏脱节，缺乏执行新法的得力官吏。因此，在我们进行一项制度创建或改革时，必须要注意吸收历史的经验和教训，防止重蹈前人的覆辙。

再次，礼乐政刑综合治国。早在西周时，周公制礼作乐，立政建刑，开创了综合治国的先例。《史记·乐书》说："礼以导其志，乐以和其声，政以壹其行，刑以防其奸。礼乐刑政，其极一也，所以同民心而出治道也。"这种综合治国的理念，充分显示了古代政治家的智慧，并对后世有着深远的影响。汉以后，形成的德主刑辅的方略，仍然是通过多种管道治理国家。今天所说的综合治理在中国古已有之。

最后，治法与治人（吏）的结合。治法，是制定一部良法。治吏，是选拔培养治法的贤吏。只有法与吏的结合，才能发挥法治的治世功能。唐德宗时，白居易说："虽有贞观之法，苟无贞观之吏，欲其刑善，无乃难乎？"宋王安石说："守天下之法者，若如吏。"明末清初，王夫之从总结历史经验的角度，提出"任人任法，皆言治也"。但是既不能"任人而废法"，又不能任法而废人。结论就是"择人而授之以法，使之遵焉"。为了治吏，古代创立了很多制度值得借鉴，比如严格划分职官的权责；依法定制，考课官吏；注重发挥监察机关的重要作用等。

总之，"观今宜鉴古，无古不成今"。中国古代法律的内容精彩纷呈，可以为现实所借鉴者，笔不胜书。法律史学者的工作，就是科学地总结历史经验，理解它、透视它，真正做到古为今用。

传承中华法制文明，可以弘扬中华民族在法制上所体现的民族精神

其一，重理性思考，远离宗教迷信的影响。东汉时期，本土的宗教道教已经诞生，印度的佛教也传入中国。唐宋以来的统治者，虽尊重道教、佛教，但绝不使其干预国家的政治、法制与宗法族权。唐武宗的灭佛，康熙时期的驱逐传教士都是明白的例证。西方中世纪存在的宗教法与宗教法庭，在中国古代是没有的。中国古代无论立法、司法，都表现出中华民族深刻的理性思考和智慧。

其二，重视道德教化，轻刑罚制裁，但绝不意味着刑措而不用。《唐律疏议·名例律》中明确规定："德礼为政教之本，刑罚为政教之用。"这种本用关系，是汉以来德主刑辅论的重要发展。

其三，重人际和谐，调处息争。中国古代的政治家主张和为贵。所谓"和也者，天下之达道也。致中和，天地位焉，万物育焉"。在中国古代宗法制度影响下，出现聚族而居的现象，而又共同经营农业经济，形成了世代比邻而居的村落。如发生争讼，多以调解排难解纷，以维持和谐。古代司法中，所主张的法、理、情三者的统一，也往往是着眼于和谐息争。

其四，重诚信，恶诈伪。孟子说："诚者天之道也，思诚者人之道也。"天道与人道的沟通存乎诚。商鞅变法，立木为信，强调信赏必罚。唐朝戴胄曾对唐太宗说，"法者，国家所以布大信于天下也。"《唐律疏议》在市场法的规定中，严格规定了度量衡的准与信，产品质量的规格要求与责任制度，同时不准以高下其价，违者以法制裁。

以上所展现的中华民族的精神，还仅限于法制范围内，但可看出中华民族优秀的素质。如果离开了这样的文化土壤和民族精神，法律制度的根基是不会坚固的。

（原载《北京日报》2013年8月5日第20版）

从传统法律文化看坚韧进取的民族精神

历史法学派通常认为，法律是一个国家民族精神的体现及产物。作为传统文化重要组成部分的中华法律文化，体系完整，内容丰富，绵延数千年而未中断。从这数千年传承与创新的法制历程中，我们可以看到鲜明的坚韧进取的民族精神。

我国古代所处的封闭地理环境妨碍了传统法律文化与外国法律文化之间的横向交流，加之我国古代法制在相当长时期内居于世界前列，统治者也有意固守这种封闭状态，导致我国传统法律只能是纵向传承。自"夏有乱政"而制"禹刑"，其后商有"汤刑"，周有"九刑"，秦有"秦律"，汉有"汉律"，魏有"新律"，晋有"泰始律"，唐宋元明清历朝历代也各有律，其间源流清晰，损益可考。

法律植根于社会，社会的发展推动法律的发展，因而法律虽具有历代传承的因袭性，但基于不同时期的社会变化而有所发展变化，形成了特有的时代特点。孔子在考察夏商周三代礼的源流关系时提出："殷因于夏礼，所损益，可知也；周因于殷礼，所损益，可知也。"孔子关于礼的源流关系的论断，同样适用于法。数千年的法律史，无论篇章结构、条款规范，都基于时代的变化而有所不同，其源流兴革各有踪迹可循，从而形成了具有内在联系性的法律系统和法律传统。至唐代，封建的法律体系已经形成。末代王朝清朝的刑制虽较唐律有所倒退，但就总体而言，清朝法律已经相当完备，行政立法、民族立法、司法制度都达到了新高度。

我国的法律史是在传承与创新中逐渐发展起来的。传承是以历史所提供的资料为基础；创新是在传承基础上的突破。因而创新较之传承更为艰苦，历时也更为长久。创新首先需要认真总结前代法律的成功经验与缺失，使新立之法避免前车之覆。创新还需要认真分析把握社会的主要矛盾，从而确立立法的主要方向，以有利于矛盾的解决。创新更需要先进的思想家、法学家，将其思想认识与理论见解注入法律中去，开创法律的新天地。以战国时期《法经》为例，其作者李悝就是在总结战国时期各国制定成文法的经验、洞察魏国主要矛盾的基础上，提出了"王者之政莫急于盗贼"的立法指导思想。他秉承"不别亲疏，不殊贵贱，一断于法"的法治精神，强调贵族高官违法犯罪依律处刑。可以说，《法经》既是改革的产物，也是推动改革的重要手段。

再以汉律为例，汉承秦制表明了法律发展的内在连续性。汉律的主要创新之处在于儒家化。这是建立大一统的专制主义的西汉王朝所需要的。以董仲舒为代表的汉儒，提出了大德小刑之说，确立了影响悠久的德主刑辅的法制原则。汉儒还通过各种途径将三纲之说入律，使伦理道德法律化。法律由于得到道德的支撑，不仅减少了施行的阻力，而且也有助于社会的安宁。"三纲"入律是儒家的伟大创举。这个引礼入法的变革，虽有最高统治者的支持，但它所遭受的阻力也是不言自明的。没有两汉儒家的坚持努力和他们提出的理论先导，就不会有儒家化的汉律。这个过程虽然始于汉，最后完成却是在几百年之后的唐朝，体现了民族的进取精神及其成果。

中华民族自形成之日起，就有着鲜明的自强不息的进取精神。经过秦末以来的战乱，汉高祖出行时甚至难以配齐四匹相同颜色的马匹。但至汉文帝时，已是"太仓之粟陈陈相因，充溢露积于外，至腐败不可食"。这一盛世景象出现的根本原因，正是广大人民群众的自强不息、奋力耕耘。这种精神促进我国社会不断发展，也推动法律在传承中不断创新。

（原载《人民日报》2014年5月9日第7版）

撷取法律传统的精华

我国是世界文明古国,法律的历史可以上溯到公元前3000年左右,而且辗转相承,从未中断。这是其他文明古国所不具备的一大特点和一大优点,由此形成了历史悠久、源远流长、特色鲜明的法律传统。它产生于我国历史文化土壤,是中华民族智慧与创造力的体现。它的完整性、系统性与遗留至今的浩瀚法学著作、历代法典王章及档案资料均为世界所少有,彰显了中华民族对世界法文化宝库的巨大贡献。

我国古代法律依托社会发展而发展,尤其是在社会转型时期也会相应发生巨大变革,并以其特有的功能为社会转型发展服务。从法律与社会的相互关系中,可以把握法律发展的阶段性与规律性以及法律传统与中国国情社情相适应的典型性。

我国自古以来就是一个统一的多民族国家,不同民族在不同时代由于经济、政治、文化发展的差异而处于不同历史地位,对我国法律传统形成与发展所起的作用也各不相同。尽管如此,我国法律传统是我国各族人民共同缔造的,凝聚了各族人民的法律智慧，是各民族法律文化与法制经验相互交流与吸收的结果。不过，这种多元性并没有影响中原汉族法律传统的主体性与统一性。如同海纳百川，中原汉族的法律正是在吸收各民族法律文化的基础上，才形成了多样性发展的传统与绚丽多彩的特色。就文化源头而言，也同样存在多元性与主体性的统一。从先秦开始，儒、墨、道、法等各家学说都力图支配、影响我国古代法律的发展与法律传统的形成，但在这个过程中又存在一种基本倾向，那就是儒家思想居于主导地位，儒家思想及其施政原则始终指导着法律的构建进程与司法的总体规范。这是由深厚的宗法社会的道德理想主义以及法、理、情三者相统一的文化土壤所决定的。汉以后的外儒内法，则表现了以儒家思想为主导的诸子百家学说的融合。

我国法律传统的内涵极为丰富，尽管菁芜并存，但富有跨越时空的优秀内容。如人本主义的法律倾斜、法致中平的价值取向、天人合一的和谐诉求、德礼为本的道德支撑、援法断罪的司法责任、法为治具的政治方略等，都彰显了我国法律传统的巨大价值。因此，需要从多侧面、多层次、多角度研究总结我国古代法律，以揭示历史的本来面目，并为当前的法治建设提供历史借鉴。

由此可见，我国法律传统绝不意味着腐朽、保守，它的民族性也绝不是劣根性。历史传统无论"善"与"恶",都是历史和文化的积淀,只能更新,不能铲除。失去传统,就丧失了民族文化的特质,也就失去了前进的历史与文化基础。

研究我国法律传统的目的,是为了正确认识法律在漫长历史发展中是如何不断完善的,以及它在社会进步中所处的地位、所起的作用,并从固有的法律传统中总结出滋润五千年中国历史的理性思维成果。对传统反思越深刻、批判越彻底、继承越科学,就越能准确地取其精华、去其糟粕,深化对法律发展的规律性认识,提高对中华文化的自豪感与自信心。

(原载《人民日报》2015年10月8日第7版)

中国古代法文化中的警示观点

在悠悠四千多年的法文化中，记载了古圣先贤对于法的价值、法的功能、法与国家兴衰的关系，如何发挥法的治世之具的作用等进行了充分的论述，其中，以先秦儒法二家最具代表性。其用语的概括、观点的犀利、鞭辟入微的分析，显示他们的睿智和使命感，今天读来深感许多观点不仅具有超越时空的普世性，而且还具有警世恒言的价值。

"刑罚不中，则民无所措手足"

孔子说："礼乐不兴，则刑罚不中；刑罚不中，则民无所措手足。"孔子生活在礼乐崩坏的春秋时代，他毕生奋斗的目标就是恢复西周的礼乐文明和礼乐秩序。在礼乐与刑罚的关系上，他认为只有兴礼乐才能使刑罚"中"，即公平、公正、宽严适度，所谓"不偏"之为"中"。一旦刑罚失"中"，过宽则民慢，无法控制社会；过严则民不堪命，百姓手足无措。百姓手足无所措，社会的乱象可想而知，国家也就危殆了。后世多以孔子所云，警示执政者谨慎立法和司法。只有如此才能实现法为治具的作用。

"法之不行，自上犯之"

在中国古代专制制度下，自上坏法最集中的表现就是皇帝坏法。例如隋文帝曾经是提倡法制的皇帝，但至晚年竟然不顾秋冬行刑的法定制度，在"六月杖杀人"。尽管大理寺少卿赵绰劝阻说："季夏之月，天地成长庶类。不可以此时诛杀。"然而文帝却辩解说："六月虽曰生长，此时必有雷霆。天道既于炎阳之时，震其威怒，我则天而行，有何不可！""遂杀之"。即使是汉文帝、唐太宗这样的明君，如无守法廉吏的谏诤，也会发生以言代法的行为。与此相类似，唐太宗时期，曾下敕对假冒资荫的官吏处死刑。但大理寺少卿戴胄却判处一名假冒资荫犯流刑。太宗责备戴胄。胄曰："法者，国家所以布大信于天下；言者，当时喜怒之所发耳，陛下发一朝之忿而许杀之，既知不可而置之于法，此乃忍小忿而存大信也。若顺忿违信，臣窃为陛下惜之。"太宗最终折服。这个例子从另一方面也说明了法之能行，自上守之。

"官民知法，互不相欺"

法家主张"法莫如显"也就是公布法，让官民都知法守法，做到各守法纪、互不相欺。商鞅说:"吏明知民知法令也,故吏不敢以非法遇民",而"民不敢犯法以干法官也",为了使官民皆知法,商鞅进行了广泛的法律宣传,史书说"今秦妇人婴儿皆知商君之法",这可以说是商鞅变法取得成功的一个条件。韩非也说:"法莫如一而固,使民知之。"他特别强调君主言法的积极影响,"是以明主言法,则境内卑贱莫不闻知也"。法家关于"法莫如显",使吏民知法守法的观点,对后世君主多有影响。

虽有善法,苟无"良吏"也难以推行

唐朝诗人白居易说:"虽有贞观之法,苟无贞观之吏,欲其刑善,无乃难乎。"白居易的感慨不是偶然的,他生活在德宗时期,贞观律作为祖宗之法仍然保持着权威的地位,但执法的官吏却已大非昔比。贞观时期一大批良吏如房玄龄、马周、魏徵、杜如晦等,他们不仅自己以守法相尚,而且劝谏皇帝奉法守法。然而德宗时期,距离贞观之治已经半个多世纪,特别是经过安史之乱以后政治腐败,官场之上"君子少,而小人多",守法之吏如同凤毛麟角,以致法虽是贞观时期的良法,但吏已经不是贞观时期的贤吏,所以有法而不能行。白居易的慨叹表达了法与吏必须统一。

"奉法者强,则国强;奉法者弱,则国弱"

法家是以法治为立论之本的,他们认为"法,国之权衡也",无法或有法而不执法,国家便失去了权衡而难以运行。同时,法又是"一民之轨"的行为准则,"境内之民,其言谈者必轨于法,动作者归之于功,为勇者尽之于军,是故事则国富,有事则兵强"。"法之所加,智者弗能辞,勇者弗敢争。"法既然具有这样强大的治国御民的功能,也就难怪"奉法者强,则国强;奉法者弱,则国弱"。在中国历史上出现的许多盛世,都是和充分发挥法律治具的功能分不开的。

以上选择中华法文化中具有警世价值的一些观点,这些观点可以视为法文化中的精髓,是古代哲人高度智慧的总结,是不折不扣的警世恒言。

(原载《人民法治》2016年第6期)

鉴古明今的八大法制观点

法制秩序的状态和国家的兴衰密切相关。中国古代经历了很多盛世，盛世的标准和它的一个动力就是法制，没有不讲法制的盛世。中国古代的思想家、政治家对法制的论断很多具有超越时空的价值，中华民族法制的历史不仅源远流长而且经过了四千多年的发展一直没有中断。所以人们经常说中华民族的文明对世界有着影响，其实中华民族的法制文明对世界的法制发展同样有巨大的影响。中国古代思想家提出了很好的观点，具有警世恒言的价值，这里我从鉴古明今的角度提出以下几点。

第一，不能以私害法

私是私心杂念的私，不能以私心、私利、私权来危害法律。这个话是慎到说的，"法之功，莫大于私不行"，"立法而行私，其害也甚于无法"。商鞅也讲过，以私害法者国必亡。立法之后，绝不能以私利、私心来危害到法律，否则就伤害了"治功大定"的法律价值。

第二,"法之能行,自上守之"

这个话是商鞅讲的,就是针对反对变法的旧贵族势力说的。与"法之不行,自上犯之"相对立的是"法之能行,自上守之"。上守法,法律就能够获得执行。举汉初一个例子。汉文帝出行的时候被人把马弄惊了,这个人犯的罪叫犯跸罪,由廷尉审理,判处罚金四两。汉文帝非常恼火,认为判得太轻。廷尉说,你要是不把这个犯人交给我,你愿意怎么判怎么判,你交给我了,"廷尉天下之平也,一倾而天下用法皆为轻重"。廷尉作为国家最高司法官,执法是否公平公正影响到全天下的司法。这个话也说服了汉文帝。所以法之能行,自上守之。汉文帝守法、遵法,带来了文景之治。贞观时期也是一样,唐太宗遵法、守法,整个天下、整个国家都遵法。史书说,"王公贵族皆至清谨"不敢触犯法律,因为皇帝遵法。

第三,德法互补互用

公元前一千多年,西周建立政权以后,思想家、政治家周公提出"明德慎罚"法律思想。他为什么会提出德呢?就是鉴于商亡的教训,认识到民的作用、民的功能、民的价值。他说"民之所欲,天必从之","人无于水监,当于民监"。可见,"明德慎罚"是重民的结果。从"明德慎罚"到"德主刑辅",再到唐律中"德礼为政教之本,刑罚为政教之用",并且将其比喻为自然现象的"昏晓阳秋"般永恒和不变。这说明德法互补互用是中国古代控制社会的二元手段,以德为主宰的中国古代法制体现了中华民族理性的法律思维。

第四,治法和治吏的兼顾

唐朝诗人白居易说:"虽有贞观之法,苟无贞观之吏,欲其刑善,无乃难乎。"贞观时期的法律是好法律,而且有一批良吏如房玄龄、马周、魏徵等。所以贞观法律能够实行。到白居易时代所面临的官吏群体不行了,君子少小人多,所以他发出"虽有贞观之法,苟无贞观之吏,欲其刑善,无乃难乎"的慨叹。关于法和吏的关系,历代多有议论。如明末的王夫之,他说:"任人任法,皆言治也。"任人就是任官,可是单纯任人,是"治之蠹也",单纯任法,也是"治之蠹也"。结论就是,择吏而授之与法,选择良吏把法律交给他让他去执行。法与吏统一,治法与治吏结合,这是古人治国理政的重要经验。

第五,"官民知法,互不相欺"

这来自法家的思想,法家主张法一定要让大家都知道。商鞅变法时,"妇人婴儿皆知商君之法"。皆知商鞅之法,就是说商鞅变法的时候使老百姓都知道法制。法律让老百姓知道有什么好处呢?商鞅的话非常有价值。"官知民知法,故不敢以非法遇民"，当官的知道老百姓知道法律，所以不敢以非法来对待百姓；反过来也讲，"民知官知法，故不敢以非法干官"，老百姓知道官也知道法律，不能用非法来干犯他。官与民都知法，能够做到互不相欺。

第六，"援法断罪，罪刑法定"

这个思想最早是法家提出来的。到了公元3世纪的晋朝，被法律化。刘颂提出，判罪的时候都应该有法律令的正文，如无正文，依附《名例》断案，《名例》的内容类似于现在的刑法总则，《名例》也不载，皆勿论。至唐律明确规定，断罪的时候一定要详细地以法律条文来判断，如果执法官不引法断罪的话，这个官要笞三十。这可以说是中国古代的罪刑法定制度。除此之外，还从另一方面做了一个补充规定，那就是断罪不如法的惩罚。中国古代的罪刑法定比资产阶级革命时期提出的罪刑法定主义早了一千年。

第七，中国古代的考课制度与考课法

中国古代很早就实行对官吏的考课，考课就是考核。宋朝的思想家、文学家苏洵讲过一句话，"有官必有课，无课是无官也"。有官一定要考课，不考课就没有官了。"有课必有赏罚，无赏罚是无课也"，考课是和赏罚密切联系在一起的。战国始实行考课，到了唐朝考课制度化了。一年一考，四年一考，而且有法定的标准，很明确、很细致，所谓四善二十七最。到了清朝的时候，标准简化，变成了"六法考吏"。"六法"就是浮躁、才力不及、老、病、疲软、不谨。地方官三年一考，叫"大计"；京官三年一考，叫"京察"。古代的考课制度有法、有标准、有制度。考课制度起到什么样的作用呢？一个是选拔官吏，罢黜那些贪腐的官，使得惩贪和奖廉联系在一起，奖勤和罚懒联系在一起，这是考课制度很大的一个长处。考课有一系列的制度，有一系列的标准，在一段时期维持了官吏的素质。

第八，"奉法者强则国强，奉法者弱则国弱"

韩非说："国无常强，无常弱。奉法者强则国强，奉法者弱则国弱。"这句话表明，法制秩序的状态和国家的兴衰确实有密切联系。中国古代经历了很多盛世，如西周的成康之治、汉初的文景之治、唐朝的贞观之治、清朝的康乾之治。唐朝的魏徵做了一个形象的比喻。他说国家好像是一匹奔马，骑在马上的骑手就是皇帝，皇帝手中拿的鞭子就是法律，这样就把法律工具主义更加形象化。既然古代的法律是君主手中的鞭子，这个法律必然受到君主的影响。遇有开明的君主就能够发挥法律治世的功能，遇到昏君那就没有办法发挥法律的治世的功能。历史事实也确实如此。法律工具主义不仅影响了整个古代社会，也包括近代社会。想起用法就把法拿出来,不想用法就把法收起来。要树立依法治国的法律权威主义的观念,就必须肃清法律工具主义的残余影响。

(原载《北京日报》2015年5月25日第23版)

中华法文化的历史镜鉴

在悠久的中华文化传统中,法文化是重要的组成部分,而且独树一帜,傲然自立于世界法文化之林。不仅如此,悠悠四千余年历史发展的过程中,法文化的历史和中华文化一样从未中断,它的连续性、系统性与典型性都是其他文明古国所少有的。遗留至今的历代官修的法典、王章、档案史料,以及诸子百家的法学著述,真正是浩如烟海。它以无可争辩的史料证明了中华法制文明发展的轨迹与世界影响,充分显示了中华民族的智慧与理性法思维的创造力,对于世界法文化宝库做出了伟大的贡献。

自隋唐以来,中华法制文明便得到了周边国家的认同和取法,由此形成了被公认的中华法系。中国古代以农业为立国之本的自然经济结构,以宗法家长制家庭为社会的基本构成单位,以专制主义的集权制为基本的政治制度,以汉族为主体的多元一体的民族构成,以儒家纲常伦理学说为统治思想的文化政策,等等,构成了中国古代的基本国情,它决定了中华法文化的丰富内涵与历史传统。

以德化民,以法治国,"德礼为政教之本,刑罚为政教之用",二者相互渗透与结合,形成中华法文化的鲜明特色。法与德的结合减少了法律的滥用,缓和了法条严酷的外貌,便于民众接受;以德化民使民远恶迁善,遏制了犯罪动机,有利于避免狱讼繁兴、法残刑暴的讼累;德法互补互用,使道德法律化,遵守法律的义务和遵守道德规范的义务相一致,既止恶,而又劝善,使"明刑弼教"的"教"落到了实处。同时,德法互补又使法律道德化,使法律具有稳定性和权威性。

由重伦常关系而形成的伦理法,是中华法文化的核心内容。中国古代尊卑上下的伦常关系是最重要的社会关系,调整伦常关系的法律规范,可以称为伦理法。伦理法的发展轨迹和法律的儒家化密切地联系在一起。从汉朝起随着法律儒家化的开始,国家用法律维护父子、夫妇、兄弟之间的关系,确立父权、夫权的统治地位,以期达到"父慈、子孝、兄良、弟悌、夫义、妇听、长惠、幼顺"的伦常秩序。至晋朝"准五服以治罪"正式入律,使得严尊卑之分的伦理原则,进一步确定为法律。唐高宗时制定的《唐律疏议》,继承和发展了汉以来伦理法的原则和规定,是中国封建家族本位伦理法走向成熟的标志。唐律系统全面地规定了伦常关系中各应承担的权利义务，规定了处理伦常犯罪的刑法原则和司法原则，还通过"于礼以为出入"，宣示了伦常犯罪要受到法律与道德的双重惩治。伦理法的实施有助于厚德亲伦、孝亲忠君社会风气的养成。

体现农本主义经济形态的土地立法、赋税立法、天文历法，以及司法中的"务限"法等，因与民生密切相关，从而在国家制定法中占有重要地位，表现出了农本主义法文化的属性。历代虽因时势的发展使得立法的内容有所变化，但重民生的基本精神是延续的。

具有自然主义色彩的天人合一的法文化。天人合一是中国古代杰出的宇宙观、社会观，它产生于对自然现象的敬畏和农耕主义的生产方式。早期的思想家无论儒、墨、道、法都是将"天意"与"人事"联系在一起。由此，天人合一也进入法制的领域，指导着立法与司法。譬如礼法的结合实际就是天意与人事结合的产物，如同《礼记·礼运》所说："夫礼，先王以承天道，以治人之情，失之者死，得之者生。"至于《尚书·皋陶谟》中"天讨有罪，五刑五用"，都意在表达天人合一与法律创制的内在联系。就法律的内容看，历代法典中都规定了保护自然生态的平衡。这种自然主义的法律观，显然与农业生产方式有关。至于则天行刑的规定不过是法律运行中"天人合一"的表现。总之,"天人合一"的自然主义法律观,可视为中国的"自然法"。它在一定程度上起着指导或修正"实在法"(*制定法*)的作用,并且为法的制定和实施提供了某种依据。

综合性和包容性是中华法文化生生不息、不断发展的根源。所谓综合性与包容性,一则表现为儒、墨、道、法、阴阳五行、诸子百家学说为儒家学说所综合吸收。由于儒家学说比较适合中国的国情和中华民族的心理状态,因此儒家思想逐渐取得了主导地位。儒家思想始终指导着国家的施政原则以及法制的构建与司法的总体规范。儒家思想的包容性,正像海纳百川一样融汇着其他学说的精华。再则表现为中国大陆两大地域性文化——中原地区的农耕文化和西北地区的游牧文化之间长期的冲突和交融。这种交融也决定了法文化上的交融,所谓"渐就汉法""夷汉并用",反映了法文化交融的历史进程。在中华法文化形成的过程中吸纳了中华各族丰富多彩的法文化。作为世界公认的中华法系,就是以汉族为主体,由各族共同缔造的。这就难怪在中华法文化中含有多元一体民族法文化的特色。

中华法文化的内涵不仅丰富广博,而且富有超越时空的民主性因素。诸如人本主义的法律支点;法致中平的价值取向;

天人合一的和谐诉求；礼乐政刑综合的治国方略；法为治具，援法断罪的司法责任，等等。可以说中华法文化是国家治理的巨大智库。我们的责任就是尽可能地研究与总结智库中的宝藏，为当前的依法治国提供历史的借鉴。

(原载《学习时报》2015年7月16日第4版)

奉法者强则国强

"国无常强,无常弱,奉法者强则国强,奉法者弱则国弱。"这是战国时期法家的主要代表韩非总结当时各国进行的经济、政治与法制改革的经验与教训得出的结论。这个结论对秦以后的历史发展起着重要的警示作用。历史的经验证明,当秦以法治国时,国富兵强统一天下。二世以后毁法滥刑,转瞬而亡。隋初厉行法制改革,制定了著名的《开皇律》,使得经济发展、国家强盛。但至炀帝时"宪章遐弃",不以"官人违法为意",结果"人不堪命,遂至于亡"。

奉法者强主要表现在以下几个方面:

其一,不以私害法。慎子说:"法之功,莫大使私不行;……今立法而行私,是私与法争,其乱甚于无法。"商鞅更从治乱两个方面分析了私与法的关系,他说:"君臣释法任私必乱。故立法明分,不以私害法,则治。"由于法是"齐天下之动,至公大定之制也"。只有认真执法才可以发挥法的公平性价值。中国古代思想家多以度量衡器来比喻法的客观、公正、公平。管子说:

"尺寸也，绳墨也，规矩也，衡石也，斗斛也，角量也，谓之法。"又说："法律政令者，吏民规矩绳墨也。"蜀汉诸葛亮严行法制，但并无怨者，"以其用心平而劝诫明也"。如同诸葛亮所说："吾心如秤，不能为人作轻重。"

其二，在上位者敬法、尊法、行法。商鞅说："法之不行，自上犯之。"当时，太子非议商鞅变法，但因太子是君嗣，遂刑其师傅。结果秦人皆遵守法令不敢违反。"行之十年，秦民大悦，道不拾遗，山无盗贼，家给人足。民勇于公战，怯于私斗，乡邑大治。"汉文帝时，一人"犯跸"，文帝欲加以重刑，但廷尉张释之只判处罚金四两。文帝有所责难，张释之对曰："廷尉天下之平也，一倾而天下用法皆为轻重，民安所措其手足？"这一意见使汉文帝折服，由是开启了文景之治的先河。与此相反，隋文帝时欲于"六月杖杀人"，这是违反汉以来秋冬行刑的传统法律规定的。因此大理寺少卿赵绰力谏："季夏之月，天地成长庶类。不可以此时诛杀。"然而文帝却强辩说："六月虽曰生长，此时必有雷霆。天道既于炎阳之时，震其威怒，我则天而行，有何不可！""遂杀之"。此例一开，文帝逐渐走上了"持法尤峻，喜怒不常，过于杀戮"的毁法之路。既然皇帝以言代法，法外施刑，官吏们也窥察圣意，构煽大狱，陷害无辜。史书曰："每有诏狱，专使主之，候帝所不快，则案以重抵，无殊罪而死者,不可胜数","其临终赴市者,莫不途中呼枉,仰天而哭",从而埋下了隋二世而亡的危机。

其三,法贵诚信。古人将信与诚联系在一起,所谓"信者诚也,专一不移也",国家的法律政令重诚信,才具有权威性,所谓"政令信者强"。商鞅变法时主张信赏必罚,他说:"民信其赏,则事功成;信其刑,则奸无端。"唐太宗为了惩治官吏假冒资荫,曾欲重惩一假冒资荫的司户参军。大理寺少卿戴胄依法谏阻说:"法者,国家所以布大信于天下。"他希望太宗能够"忍小忿而存大信"。最后唐太宗终于被说服了,他表示:"朕法有所失,卿能正之,朕复何忧也。"宋代王安石曾经赋诗赞美商鞅信赏必罚:"自古驱民在信诚,一言为重百金轻。今人未可非商鞅,商鞅能令政必行。"

其四,治法与治吏相结合。治法指的是制定良法,治吏指的是选任贤吏。治法与治吏并重,就是选任贤吏执行良法,二者缺一不可。唐时,白居易面对中唐以后法纪败坏、奸吏迭出的乱象,发出了"虽有贞观之法,苟无贞观之吏,欲其刑善,无乃难乎"之慨叹。事实也确实如此。如果没有房玄龄、杜如晦、魏徵等一大批贤吏严于执法,《贞观律》也很难实施。王夫之在《读通鉴论》一书中,从总结历史经验的角度提出,单纯任法"未足以治天下",是"治之弊也",但只任人而废法,则是"治道之蠹也"。结论就是"择人而授以法，使之遵焉"，"进长者以司刑狱，而使守画一之法"。五四运动时期，我国共产主义先驱者李大钊，很有现实针对性地阐述了法治与人治的统一性，他说："国之存也，存于法……国而一日离于法，则丧厥权威。"但"若惩人治之弊，而专任法律，与监法治之弊，而纯恃英雄，厥失维均，未易轩轾"。他一方面强调："溯本穷源，以杀迷信人治之根性……盖此性不除终难以运用立宪政体于美满之境"；另一方面又阐明了"法律死物也，苟无人以持之，不能以自行"，"故宜取自用其才而能适法之人"。可见，治法为本，治吏为用，本用结合，即法与吏的统一，方能收到良效。

中华文明传承数千年，其法文化基础的深厚，法制建设经验的丰富都是值得重视的历史遗产。以史为鉴可知兴替，是古人的谆谆告诫。

（原载《光明日报》2014年8月6日第14版）

"立善法于天下,则天下治"

中国作为一个拥有法制文明的古国,在漫长的发展过程中,经历过无数次的沧桑巨变,但始终保持着国家发展的稳定性、连续性,并且不断地走向文明与进步,以至于中华法系成为世界法系中的一个重要代表,这不是偶然的,是和治国理政丰富经验的总结以及古圣先贤政治与法律智慧的贡献分不开的。

在古人的观念中,良法与善法是同一语

中国自进入文明社会以后,法律便与国家相伴而生。随着社会的发展、疆域的扩大、国家事务的冗繁,阶级矛盾与民族矛盾纷至沓来,不断凸显出法律的治国价值。历史的经验证明,无法律无以维持日常的生产与生活秩序;无法律将失去调整上下尊卑之间权利义务关系的依据;无法律国家无纲纪,难以行使治国理政的功能;无法律不能推动国家机器的正常运转,外无以御强敌,内无以抚寰中;无法律还不能发挥对道德规范的支撑,难以实现德法共治的作用。正因为如此,历代思想家、

政治家不厌其烦地论证治国不可一日无法。如商鞅变法时强调，"国皆有法"，"言不中法者，不听也；行不中法者，不高也；事不中法者，不为也"。

古代思想家在论及治国不可无法的同时，也分析了法有良法与恶法之分，在实践中的效果也有显著区别。在古人的观念中，良法与善法是同一语。宋人王安石说："立善法于天下，则天下治；立善法于一国，则一国治。"其所谓善法，即良法也。近人梁启超还论证了立法之善与不善所得到的不同效果，他说："立法善者，中人之性可以贤，中人之才可以智，不善者反是。"其实，恶法之弊远甚于此。如商之亡，便亡于重刑辟；秦之亡，也亡于"偶语诗书者弃市"，"赭衣塞路，囹圄成市"，可见，行恶法失德失民，不亡何待。

"法制无常，近民为要；古今异势，便俗为宜"，善法定是利民、惠民之法

西周灭商以后，周公深切感到殷之所以"坠厥命"，就在于"失民"。因此他叮嘱周人，"人无于水监，当于民监"。春秋战国之际，社会的大变动，兼并战争的连年不绝，进一步凸显了民的作用。诸子百家纷纷倡导利民、惠民之说，以期得到民的拥护。孔子说："百姓足，君孰与不足？百姓不足，君孰与足？"

商鞅说:"法者,所以爱民也","不观时俗,不察国本,则其法立而民乱。"商鞅变法之所以获得成功,就在于他所推行的"开阡陌封疆"的土地立法,重农抑商的经济立法,奖励耕战实行军功爵的军事立法,推行一家一户为生产单位的社会立法等,得到了民的支持。慎到也说:"法非从天下,非从地出,发于人间,合乎人心而已。"明中期以后,具有作为的首辅张居正说:"法无古今,惟其时之所宜与民之所安耳","法制无常,近民为要;古今异势,便俗为宜。"

总之,体现民情、洽于民心之法一定是利民、惠民之法,既有利于民的生产、生活所需要的自然空间,也为民的再生产,甚至是扩大再生产提供了必要条件。

"法与时转则治",法律循变协时的发展轨迹及其影响

早在《尚书·吕刑》中便有"刑罚世轻世重"的记载。《周礼·秋官·司寇》进一步提出根据不同的形势制定和适用不同的法律:"一曰刑新国用轻典,二曰刑平国用中典,三曰刑乱国用重典。"主张变法改制的法家更强调法因时势而变的可变性。慎到说:"守法而不变则衰。"商鞅说:"礼法以时而定,制令各顺其宜。"韩非在传承前人观点的基础上做出了新的概括:"故治民无常,唯治为法。法与时转则治,治与世宜则有

功……时移而治之不易者乱，能治众而禁不变者削。故圣人之治民也，法与时移，而禁与能变。"法家的观点反映了进化的历史观和以经验为基础的实证精神。

可见，法因实际需要而制定，又根据实际的变动而删修，这就是法律循变协时的发展轨迹。法须循变协时的观点影响深远。晚清国势衰微，民族危机深重，变法之声遂日隆，论者皆带有新的时代烙印。如魏源在论证"天下无数百年不敝之法，无穷极不变之法"的同时，提出了前人所从未提及的"师夷长技以制夷"的主张；康有为为变法维新而大声疾呼："圣人之为治法也，随时而变义，时移而法亦移。"梁启超也说："法者，天下之公器也；变者，天下之公理也。"

循变协时就是中国四千多年法律运行的轨迹。但是历代思想家、政治家在指出法的可变性的同时，也注意保持法律的相对稳定性，反对"数变"。韩非说："法莫如一而固，使民知之"，"治大国而数变法，则民苦之。"他甚至尖锐地指出："法禁易变，号令数下者，可亡也。"唐太宗说："法令不可数变，数变则烦。"宋人欧阳修说："言多变则不信，令频改则难从。"

法的可变性要在"协时"，法的相对稳定性要在维护法律的"权威"，变中求稳，二者兼顾，不可偏于一端。

法学逐渐成为显学,强调法平如水,"法简而易行,刑审而不犯"

春秋战国时期,面对大变动、大转型的历史潮流,法家学说逐渐成为显学。法家提出"以法为治"的主张,反对垄断国家权力的世卿制度和"礼不下庶人,刑不上大夫"的旧体制,强调法平如水,公正无私。为了表达法律的公平公正,管仲借用度量衡器相比拟。他说:"尺寸也,绳墨也,规矩也,衡石也,斗斛也,角量也,谓之法。"又说:"法律政令者,吏民规矩绳墨也。"为了表述执法无私,管仲提出:"君臣上下贵贱皆从法","不为君欲变其令,令尊于君。"

春秋时期,管仲在回答桓公问如何仿效圣王之所为时说:"法简而易行,刑审而不犯。"商鞅曾明白表述:"圣人为法,必使之明白易知。"唐贞观初年,太宗鉴于隋末法令滋彰、人难尽悉,提出以"简约易知"为立法原则,并且敕令长孙无忌、房玄龄等修律官,"斟酌今古,除烦去弊"。根据太宗所定的立法原则修订的律、令、格确实较为简约。明朝吴元年(1367)十月,李善长等拟议律令时,朱元璋便严肃指出:"法贵简当,使人知晓,若条绪繁多,或一事两端,可轻可重,吏得因缘为奸,非法意也。"

道德入律、改恶劝善彰显了中华法系的价值

中国是沿着由家而国的路径进入文明社会的，氏族社会末期因血缘纽带而形成的宗法伦常关系，成为最重要的社会关系和最基本的人伦道德。在儒家势盛的汉代，通过说经解律和引经注律，使得三纲五常之类的道德规范入律。

一方面，道德的法律化，多少改变了法律凛然而不可近的威严，使百姓由畏法而敬法，而守法，提升了人们遵守法律的自觉性，也提高了法律的权威性。另一方面，法律的道德化，法由劝善而兼止恶，使遵守道德的义务与遵守法律的义务相统一，违背了法律化的道德，也要受到法律的制裁。这就是为什么早在夏朝便出现了"不孝罪"，汉以后的刑法典中对于不忠、不孝、不悌、不敬长、不睦、不义、不廉、不信等道德规范都列为法律规范，甚至成为十恶重罪。这对于提高中华民族的道德素质也起了某种强制的作用，明刑弼教的价值就在于此。道德入律，改恶劝善也彰显了中华法律文化的特殊性、典型性和中华法系的价值。

中国古代的政治家、思想家在论及治国须有法的同时，又不厌其详地阐述只有良法才能治国。然而，中国古代即使是良法也旨在维护上下尊卑不平等的法定权利，即使是良法也是

"生于君",而非"生于民",如同黄宗羲所说,是"一家之法"而非"天下之法",以致皇帝颁发的敕、令、诏、谕都具有最高的法律效力。所以在肯定古代良法积极性的同时,也要看到其历史的和阶级的局限性。

(原载《北京日报》2019年2月25日第19版)

无法制则无盛世

《永徽律疏》又称《唐律疏议》，是唐朝刑律及其疏注的合编，是唐朝立法的最高成就。由于疏议对全篇律文所做权威性的统一法律解释，给实际司法审判带来便利，以致《旧唐书·刑法志》说当时的"断狱者，皆引疏分析之"。《永徽律疏》是我国迄今为止完整保存下来的一部最早、最完备、影响最大的封建成文法典。它总结了中国历代统治者立法和注律的经验，继承了汉代以来德主刑辅的思想和礼律结合的传统，使中国封建法律至此发展到最成熟、最完备的阶段，标志着中国封建立法技术达到最高水平。（宋游　辑）

中国古代历史上盛世局面的出现，固然有其多方面的原因。但是毫无例外的是，每一个盛世都与法制的状态密切相关。盛世的开启，离不开法制的推动；盛世的维持，离不开法制的保障；盛世的衰落，也与法制败坏密切相关。只有制定了治国之法并且加以认真实施，盛世才能得以开创和维持。

立善法于天下,则天下治

盛世的开创,需要用立法来加以引导,而已取得的成果,也需要用立法来加以确认和保障。如大唐盛世的开创,就是和法律的完善密不可分。从经济上而言,唐朝建立之后,国家掌握大量无主荒地,从而可以全面推行均田法,使得农民获得口分田和永业田。均田法的实施,使民安于时、农安于田,既抑制了贫富差距的扩大,又实行租庸调的税法,减轻农民的赋役负担。这是贞观之治的物质基础。从行政上而言,国家实行三省六部制度,法律确认"中书取旨,门下覆奏,尚书施行"的运行机制,从而使秦汉时期宰相专权之弊不复存在,收到中央机关各有分工、相互制约之效,使得国家机器运转有序,提高了治国理政的效能。从法制上而言,自武德起至开元时,朝廷始终注意完善国家的立法,建立了以唐律为主体的令、格、式、典、敕、例等各种法律形式相配合的法律体系。在司法上强调依律断罪、刑讯有度、死刑复审、大案要案会审等一系列司法制度,一扫以往枉法裁断、擅自刑讯之弊端,特别是提出了"德礼为本,政教为用"的法制原则,形成了中国古代法文化的最基本的特点。

唐代陆贽在《唐陆宣公奏议序》卷四中提到:"官吏多自

清谨，制驭王公妃主之家，大姓豪滑之伍，皆畏威屏迹，无敢侵欺细人。"说的是，贞观年间，官吏多数清廉严谨，王族大户都不敢欺压百姓，这充分说明了厉行法治所起到的震慑作用。这正应了北宋王安石的那句名言："立善法于天下，则天下治；立善法于一国，则一国治。"

法既定之后，择贤吏执法

法既定之后，择贤吏执法，才能维护法律的权威与治世的功能。法既定之后，如何有效地实施法律，执法之吏就成为关键。诚如荀子所论："法不能独立，类不能自行。"再好的法律，如果没有良好的执法官员来执行，也很难收到预期的效果。古代盛世的出现，与大批奉公守法的贤吏是分不开的。如汉文帝时有人"犯跸"（侵犯皇帝通行御道），文帝欲处重刑，但司法官廷尉张释之只判罚金四两。文帝不悦，责问张释之，释之对曰："法者天子所与天下公共也，今法如此而更重之，是法不信于民也。且方其时，上使立诛之则已，今既下廷尉，廷尉天下之平也，一倾而天下用法皆为轻重，民安所措其手足？"意思是说，国家的大法，并不是天子一人之法，而是与天下共同遵行之法。朝廷司法官如果不依法断罪，所造成的恶劣影响就是全国的司法官都不依法断罪。这对国家是非常危险的。张释之的答对使汉文帝警醒,听从张释之的判决,维护了法律的尊严。再如,贞观年间唐太宗曾发话,对伪造资历的官吏处死刑。不久,温州司户参军柳雄伪造资历案发,朝廷司法官大理寺少卿戴胄"据法断流"。"太宗曰:'朕初下敕,不首者死,今断从流,是示天下以不信矣。'胄曰:'陛下当即杀之,非臣所及,既付所司,臣不敢亏法。'太宗曰:'卿自守法,而令朕失信耶?'胄曰:'法者,国家所以布大信于天下,言者,当时喜怒之所发耳。陛下发一朝之忿,而许杀之,既知不可,而置之以法,此乃忍小忿而存大信,臣窃为陛下惜之。'"由于戴胄强调"法者,国家所以布大信于天下",如果违法行事,法律就失去了信任,不能使法取信于天下。这深深打动了唐太宗,表示:"朕法有所失,卿能正之,朕复何忧也。"这些为吏者都是执法如山的典范,而这些为君者同样也是遵法奉法的明君。

所以,古代盛世的出现,明君贤吏均不可或缺。安史之乱以后,均田制遭到破坏,藩镇拥兵自重,皇帝庸懦无为,官吏枉法行私,大唐由盛转衰。此时,法虽为旧时良法,但执法之吏却难称良吏,所以白居易感慨说:"虽有贞观之法,苟无贞观之吏,欲其刑善,无乃难乎!"明末清初,王夫之在《读通鉴论》中总结历史的经验,提出选择贤吏,任用他执行"画一之法",避免单纯任法与任吏的弊病。他的法与吏的统一论很值得研究与借鉴。

"法者,天下之仪表也"

要使吏民都知法、习法、守法。管子说"法者,天下之仪表也",意思是法是天下人行为的规范。法家主张"法莫如显",意思是法律要公开,以便天下吏民知法守法。唐朝《永徽律疏》制定以后,为了使执法官和百姓都能懂得法意,正确理解律文的规定,特别集国家博学硕儒共同制成了《永徽律疏》,疏解律文,便于吏民知晓。在科举中还特别设明法科,培养执法的官吏。明清时期,朝廷为了弥补士人以制艺(八股文)作为跻身官场的敲门砖,却对法律茫然不知的缺陷,在明清律中特设"讲读律令"条,每年定期考核官吏的律例知识,不合格者,或罚俸或议处。这条法律规定,明清时期曾经认真执行过。明清律学的发展,特别是清朝《大清律例》简易读本的普及,是和官吏准备的法律考试有一定的联系。这种官吏的普法教育,是每年定期举行,是常态化的,不是只搞一次一时,也颇有借鉴意义。

除要求官吏习法执法外,也要求百姓知法守法。商鞅曾讲过一段名言:"吏明知民知法令也,故吏不敢以非法遇民。"就是说,当官吏知道百姓懂得法律,所以不敢以非法对待。中国古代还在闹市公布刑象之图,向百姓宣传法律。明太祖朱元璋为了使老百姓懂得法律,还特别制定了《大明律直解》,他说有了这本书,老百姓可以"寡过矣"。历史的经验证明,老百姓知法是施行法治的广阔的群众基础和保证。

(原载《北京日报》2016年2月15日第15版)

引礼入法　礼法结合

《唐律疏议·名例》中所说:"德礼为政教之本,刑罚为政教之用,犹昏晓阳秋相须而成者也。"唐律是中国古代礼法结合的典范。

礼是古老中国的一种社会现象。礼不仅起源早,而且贯穿于整个中国古代社会。有关礼的观念与学说是中国传统文化的核心,它影响到社会生活的各个领域,调整着人与人、人与家国,乃至人与天地万物的关系。礼与法的相互渗透与结合,又构成了中华法系最本质的特征和特有的中华法文化。

两汉所开辟的引礼入法的多种渠道,为礼入于法、礼法结合创造了有利的条件。魏晋至唐沿着这条路线终于完成历史性的礼法结合。唐律无论结构、内容、注释均已蔚为大观。礼与法的结合也臻于成熟和定型,可以说一整套体现宗法等级思想与制度的礼,基本上法律化了。以至"一准乎礼"成为对唐律的评价。透过唐律可以发现礼与法的内在联系,可以体验礼是怎样融化于法的,可以印证礼是唐律的灵魂,唐律是礼的法律表现，二者是互补而不可分的关系。如同《唐律疏议·名例》中所说："德礼为政教之本，刑罚为政教之用，犹昏晓阳秋相须而成者也。"唐律是中国古代礼法结合的典范，剖析唐律是有助于鉴古明今的。唐律所反映的礼法结合的鲜明特征，连同它对周边国家的影响，成为中华法系赖以确立的重要因素。

礼指导着法律的制定

纲常之礼是唐律最基本的内容。十恶大罪之所以"为常赦所不原"，也就在于它的行为触犯了君为臣纲、父为子纲、夫为妻纲。唐律的制定从武德朝起，历经贞观、永徽、开元诸朝，始最后定型。在这个过程中，以礼改律之处甚多，例如，贞观前《贼盗律》"谋反大逆"条规定："谋反大逆人父子、兄弟皆处死，祖孙配没。"贞观修律时改为"谋反大逆人父子处绞，祖孙、兄弟皆配没"。这个改动主要是依祖孙兄弟的血缘亲疏关系而调整处死的范围。按《礼记·祭统》"孙为王父尸"，祭祖可以孙列，说明了祖孙关系重于兄弟关系，如果祖孙配没，兄弟处死，显然于亲情不合。因此，贞观修律时房玄龄据礼做如上改动。

又如，《户婚律》"同姓不得为婚"条，只禁止同姓及外姻有服属尊卑为婚，对外姻无服是否属尊卑为婚没有规定。永徽修律时，增补了"父母之姑舅两姨姊妹及姨若堂姨、母之姑、堂姑、己之堂姨及再从姨、堂外甥女、女婿姊妹，并不得为婚姻。违者杖一百，并离之"。按礼，堂姑、堂姨等为父党母党，且有尊卑名分，如许为婚，岂非污损名教，蔑弃人伦所以据礼加以禁止。魏徵曾经指出："礼义以为纲纪……明刑以为助。"既然明刑是为了助礼，因此唐律的制定与修撰，自然要以礼为指导。

礼典、礼文直接入律

唐律的制定除在总的方面接受礼的指导外，有些律文几乎是礼典的翻版。譬如《名例律》"八议"是《周礼·秋官·小司寇》"八辟"的照搬。《户婚律》"七出三不去"是《大戴礼记·本命》"七去三不去"的移植。也有的律文是礼的原则的演绎，譬如，《名例律》关于"矜老小及疾"的具体规定如下："诸年七十以上、十五以下及废疾，犯流罪以下收赎；八十以上、十岁以下及笃疾，犯反逆、杀人应死者上请；盗及伤人者亦收赎；九十以上、七岁以下，虽有死罪，不加刑。"显而易见，这是从《周礼》"三赦之法""一赦曰幼弱，二赦曰老耄，三赦曰蠢愚"和《礼记》"悼耄不刑"，"八十、九十曰耄，七年曰悼。悼与耄虽有罪，不加刑焉"演绎而来的。

此外，唐律关于不孝罪之一的"诸祖父母、父母在而子孙别籍异财者，徒三年"，"诸子孙违犯教令及供养有缺者，徒二年"是《礼记·内则》"孝子之养老也，乐其心，不违其志，乐其耳目，安其寝处，以其饮食忠养之"和《礼记·曲礼》"父母存，不有私财"的法律化。类似的例子在唐律中是多有可见的。

定罪量刑时"于礼以为出入"

定罪量刑时"于礼以为出入"，是唐以后人们评价唐律的主要着眼点，而从唐律的规定和审判实践是可以得到证实的。以斗殴为例，一般"斗殴人者笞四十"。但"诸殴缌麻兄姊，杖一百。小功、大功，各递加一等。尊属者，又各加一等。诸殴兄姊者，徒二年半。伯叔父母、姑、外祖父母，各加一等。诸殴祖父母父母者，斩"。由于亲属之间亲疏有别，长幼有序，所以以卑犯尊根据亲等，处以不同刑罚，这是礼所要求的。

从审判实践中，也可发现以礼折狱、弃律从礼的案例。例如，长庆年间，某姑鞭打其媳至死，京兆府断以偿死，刑部尚书柳公绰以礼改判。《册府元龟》记载其事如下："柳公绰，长庆中为刑部尚书，京兆府有姑以小过鞭其妇至死，府上其狱，郎中窦某断以偿死，公绰曰：'尊殴卑，非斗也且其子在，以妻而戮其母,非教也。'竟从公绰所议。"

以上可见,凡是违礼之罪都要加重处刑。由于"于礼以为出入"是公认的道德高于法律的司法原则,并受到国家的保护,因此司法官宁可不依律,也不可以不循礼。不依律所责者是职务,不循礼所责者是人格。由于唐代科举取士的重要内容是儒家经典,因此唐代官员明礼者多于明法,以礼断案对他们是并不陌生的。

(原载《北京日报》2019年12月2日第15版)

"法与时转"与"因俗而治"
——谈古代中国的立法传统

中国是一个具有辉煌法制文明历史的国家,在漫长的发展过程中经历了多次沧桑巨变,但始终保持着国家发展的稳定性、连续性,并且不断走向文明与进步。中国古代从皋陶造律算起,也有五千多年未曾中断的立法史。立法之所以受到历代统治者的重视,是因为它是定分止争,确立不同等级、权利义务关系的规矩,是兴功惧暴、惩奸止邪的有效手段,是治国理政、维持国家纲纪的重要准绳。所以,从古至今,论证"国不可一日无法"者多矣。韩非说:"家有常业,虽饥不饿;国有常法,虽危不亡。"近人沈家本说:"国不可无法,有法而不善,与无法等。"

从历史上看,无论是统一政权还是偏安一隅的地方政权,都在立国之始就着手制定法律。在这个过程中,形成了很有价值的立法原则。

"法与时转":从时空实际出发立法

先秦时期,从管仲到韩非,法家多有"法与时转"的论断,反映了进化的历史观和以经验为基础的实证精神。后世之变法者莫不以此为圭臬。

至晚清,国势衰微,民族危机深重,变法之声风起,论者皆以法的可变性为依据。如龚自珍说:"自古及今,法无不改,势无不积,事例无不变迁,风气无不移易。"魏源在论证"天下无数百年不敝之法,亦无穷极不变之法,亦无不易简而能变通之法"的同时,提出前人所从未提及的"师夷长技以制夷"的主张;冯桂芬在此基础上进一步提出:"法苟不善,虽古先吾斥之;法苟善,虽蛮貊吾师之。"康有为为变法维新而大声疾呼:"圣人之为治法也,随时而立义,时移而法亦移矣。"梁启超也说:"法者天下之公器也,变者天下之公理也。"

中国古人还从空间实际出发进行立法。西汉韦贤说:"明王之御世也,遭时为法,因事制宜。"宋人曾巩说:"因其所遇之时,所遭之变,而为当世之法。"叶适说:"因时施智,观世立法。"明朝张居正说:"法无古今,惟其时之所宜与民之所安耳。""法制无常,近民为要;古今异势,便俗为宜。"立法从时空实际出发,反映了朴素唯物主义的历史观、法律观,是法律发展的规律性的体现。法律如果不能适应形势的变化而变化，非但不能起到推动的作用，反而会成为束缚社会发展的桎梏。

"因俗而治"：从国情实际出发立法

中国古代是一个以农立国、疆域辽阔、统一多民族的国家，这些在立法中得到充分体现。

关怀农业生产，以农业为立法的重要内容。历代有关土地立法、水利立法、厩牧立法、农时立法以及天文历法等都是与农业相关的立法。它是农民经营小农经济、维持一家温饱的重要法律保障。早在云梦秦简中，便有惩治擅自挪用地界侵犯他人土地所有权的立法："盗徙封，赎耐。"历代经济的繁荣、国民的安宁，都和农业立法得当密切相关。唐贞观之治与开元盛世就是得益于均田法的实施。为了使农业持续发展，法律还维护水源，保持山林，改善自然环境，形成了中国古代非常有价值的环境立法。为了保证农民耕种不违农时，从唐朝起，还制定了"务限法"，即每年农忙季节各州县官府停止对一般民事诉讼案件的受理，以免有误农时。

注意发挥中央立法与地方立法的相互补充。辽阔的疆域使得中国古代的经济、政治、文化发展极不平衡，以致统一的朝廷立法不可能涵盖差别极大的广大疆域，因而需要中央立法与地方立法相辅相成、互为补充。限于文献记载，清以前的地方立法已多不可考，只有清朝保留下来了以省为单位的地方立法——省例。凡涉及一省行政、民事、刑事、经济、文教、司法、风俗者，为综合性省例，如《江苏省例》《福建省例》《治浙成规》等。凡属于一省单一事项者，为专门性省例，如《直隶清讼章程》《豫省文闱供给章程》《山东交代章程》等。根据现有资料，清代省例之类的地方立法并未遍及全国，只有江苏、广东、福建、湖南、河南、直隶、四川、山东、山西、安徽、浙江、江西等省制定了省例或其他形式的地方法规。省例仅通行于一省，而且须奏请中央批准，与中央立法相抵触者无效。

制定适用于少数民族聚居地区的法律。中国从秦朝起便形成了统一的多民族国家。汉唐时期，朝廷为了调整边疆民族关系便已进行了必要的民族立法，但史书记载语焉不详。只有清朝保留了大量的民族立法，如《理藩院则例》《回疆则例》《西藏章程》《青海西宁番夷成例》以及苗疆立法等，覆盖了新疆、西藏、青海、东北以及西南少数民族地区。民族立法的内容繁简不一，但总的说来不外乎行政、民事、刑事、经济、军事、司法、宗教等方面，形成了比较完备的民族法律体系。特别值得提出的是，清朝民族立法采取"因俗而治"的原则，"修其教不易其俗，齐其政不易其宜，旷然更始而不惊，靡然向风而自化"(李兆洛:《皇朝藩部要略》序),这项原则充分体现在各项民族立法的具体规定中,深受少数民族欢迎。民族立法是清朝立法体系中的一个部分,是多元一体法文化的具体成果。

(原载《北京日报》2019年6月24日第11版)

依法治国话权威

公元前6世纪左右,管子提出"治国使众莫如法,禁淫止暴莫如刑。威不两措,政不二门。以法治国,则举措而已"的理念,表现出对于"以法治国"的提倡。此后,"法为治具"成为历代的传统认识。所谓"法为治具",主要是指以法律作为君主手中治国御民的工具,成为吏民的"规矩绳墨"。据《贞观政要》记载,唐代魏徵在和唐太宗讨论治国之道时曾说,"仁义,理之本也;刑罚,理之末也。为理之有刑罚,犹执御之有鞭策也"。就是说,国家就像是一匹奔马,皇帝就像是骑马的御者,他手中的鞭子就是法律。这是中国古代法律工具主义的形象比喻,影响至为深远。

在中国古代,国家制定的良法对于社会经济的发展、社会关系的调整与控制,对于犯罪行为的制裁以及法律秩序的确立,都起过不可或缺的积极作用,是中国古代法制的重要渊源,也是缔造盛世的重要条件。正如韩非所说:"国无常强,无常弱。奉法者强则国强,奉法者弱则国弱。"但古代中国实行的是君主专制制度，皇帝是国家法律的制定者和最高的审判官，他的权威超越法律之上。虽有汉文帝、唐太宗尊重法律权威的一些史例，他们从国家长治久安出发，使圣意屈从于法律，如同唐太宗所说："法者非朕一人之法，乃天下之法。"但更多的情况是法律随着皇帝的权威而为之轻重，如汉代杜周所言："前主所是著为律，后主所是疏为令。当时为是，何古之法乎？"唐代白居易在谈到法与吏的关系时也说："虽有贞观之法，苟无贞观之吏，欲其刑善，无乃难乎？"如果把"吏"字改为"君"字，也完全符合历史的实际。所以，古代"以法治国"缔造的法制，说到底是君主人治主宰下的法制，它的作用的发挥是有局限的。

虽然如此，法律工具论不仅在古代，甚至在当代也有一定的影响。人们经常把法律当作工具来对待，这与今天依法治国的要求是格格不入的。为了建设法治中国，必须清除法律工具主义的影响，牢固树立法律权威主义的理念。法律权威主义，就是国家的一切活动都在法治的轨道上运行，任何人都受法律的约束。在这一点上，法律是至高无上的。法律的权威，需通过全面持续地推进依法治国才会在全民思想意识中树立起来。我们必须强调古代的"以法治国"和今天的"依法治国"是有严格区别的。尽管只有一字之差，但是前者将法律置于工具地位，后者则奉法律为权威。以法治国，意味着法律处在权力之下；而依法治国，则意味着不管权力有多大，都要受到法律的制约，不仅把权力关在制度的笼子里，还把权力关在法律的笼子里。制度的笼子是防止权力的滥用，法律的笼子是惩治权力的滥用。编好用好这双重的笼子，才能更好地使权力依法运行。

(原载《人民日报》2015年1月9日第7版)

民惟邦本：古代治国重要经验

"民惟邦本"重民方略的实施，首先在于得民心。无数史实证明，"得民（心）者昌，失民（心）者亡"。中国第一个王朝夏建立以后，国王禹制作了五种乐器，民有求见者，可以击（摇）不同的乐器，禹听到不同乐器的声音就知道是何人以何事相告。这就是后世传颂的"五音听治"。由于来见者多，以至于吃一顿饭竟然十次接待来访者；沐浴一次竟然束发三次以应对觐见的百姓，正所谓"一馈而十起，一沐而三捉发，以劳天下之民"。

由于禹如此重视民众呼声与要求，因而得到了民众的拥护，顺利传位于儿子启。启即位后在一段时间内也沿用了"五音听治"的做法，从而巩固了夏王朝。但自孔甲以后，"桀不务德而武伤百姓，百姓弗堪"，迫使百姓发出了"时日曷丧，予及汝皆亡"的愤怒呐喊。夏终为商所灭。这可以说是民心向背决定国家兴亡的第一个史证。

商是一个邦畿千里的大国，却为"小邦"周所灭，一个重要原因就在于商末代国王纣"重刑辟",实行法外极刑等暴政,以致民怨沸腾。关键性的牧野之战,"前途倒戈者亿兆夷人",赫赫不可一世的商朝瞬间覆亡。胜利者在惊喜之余,深深感到民心向背决定国家兴亡。

继起的周朝执政者周公,一再告诫其兄弟子侄民心的重要,并把民心与天命联系起来,借助天命渲染民心的重要性,"民之所欲,天必从之","天视自我民视,天听自我民听"。周公重民思想的核心在于重视民心,他的一切施政都可归结为得民心。因此,他实行礼乐刑政综合治国方略,创立以德主宰刑罚的法律制度,谱写了中国古代法文化史绚丽的一章。后世以德辅刑导源于此。

周公提出"明德慎罚","慎罚"即旨在保民,由此形成了一系列刑法原则和司法原则,比如区别用刑、罚当其罪等。由于周初立法体现了重民、保民的精神,因此法制兴带来了国家兴。周初的法制彰显了中华民族所创造的法制文明。以德主宰法制建设,可以说是各文明古国中仅有的,其影响至为深远。春秋时,孔子赞颂以礼乐(德的具体内容)指导司法的重要性,"礼乐不兴,则刑罚不中;刑罚不中,则民无所措手足"。

可见,周初统治者的一系列主张,把"敬天"落实到"保民"上,凸显了民的价值,其所推行的一系列国家治理措施都可归结到重民、保民和如何得民心上。在这里，第一次宣示了立法与司法的目的不在于刑人，而在于定是非、明曲直，有效地惩治犯罪，保民不受损害。这种刑罚目的论对后世影响深远。

战国时期，诸侯争雄，兼并战争连年不绝。为了取得战争的胜利，民的价值进一步受到重视。得民者兴、失民者亡的政治现实丰富了"民惟邦本"的思想内涵，如孟子所说："得天下有道：得其民，斯得天下矣。"他还提出了一个千古不朽的命题："民为贵，社稷次之，君为轻。"荀子进一步总结道："用国者，得百姓之力者富，得百姓之死者强，得百姓之誉者荣。三得者具而天下归之，三得者亡而天下去之。"他还将民与君比喻成水与舟的关系："君者，舟也，庶人者，水也；水则载舟，水则覆舟。"故"爱民者强，不爱民者弱"。

孟荀此论，既是夏商周兴衰之由的历史性总结，也是对古代治国理政要旨——"民惟邦本，本固邦宁"的精彩阐发。后世论者，大都仿此，只是带有时代烙印而已。例如，唐太宗李世民鉴于隋亡的历史教训，认为"为君之道，必须先存百姓"，并说"朕每日坐朝，欲出一言，即思此一言于百姓有利益否"。

（原载《人民日报》2015年6月1日第7版）

德法共治：中国传统法文化的精髓

德法互补、互相促进、共同治国在中国由来已久，是中国古代治国理政的成功经验，也是中国传统法文化的精髓，充分显示了中华民族的政治智慧与法律智慧。认真总结中国古代德治与法治的功用、相互关系、共同治国的历史经验，对于建设中国特色的法治国家具有重要的史鉴价值。

德由善教逐渐趋向于善治，形成了中国古代所特有的道德政治文化

关于德的概念，东汉许慎《说文·心部》阐明："悳（通"德"），外得于人，内得于己也。"意为对人对己都要把心思放正，才能"外得于人，内得于己"。古人还把德的价值与国家施政联系起来，宣扬德教和德化的重要性。关于德教，《礼记·月令》说："孟春之月，命相布德，和令，行庆，施惠。"对此，郑玄注曰："德谓善教。"关于德化，更多的是与重民、爱民联系在一起，如《尚书·盘庚》说："施实德于民。"《左传·襄

公七年》曰:"恤民为德。"《管子·正》曰:"爱民无私曰德。"

古人对于德之所以不吝笔墨从多方面、多角度进行解释,不是偶然的,是和中华民族的特质分不开的。中华民族在严酷的生存斗争、生产斗争中需要借助"群"的力量抵御外侮和抗拒自然灾害,以维持存在和发展,因而养成了以直相待、宽容为怀、团结互助的民族心态。古代思想家论德之说正是有针对性地体现了这种民族心态,使之易为中华民族所接受。经过漫长的生生不息的演进过程,德由善教逐渐趋向于善治,形成了中国古代所特有的道德政治文化,把国家的兴衰与道德的弘扬、人心的向善密切地联系在一起,使德治深深扎根在中华民族的文化土壤之中,最终才有可能演化成为德法互补互用、共同治国的方略。

"民日迁善而不知为之",德治的价值取向在于化民

德治的出发点和归宿都在于重民、惠民、教民、以民为本,孔子曾以"养民以惠"称赞郑国子产治国有方,他特别把"博施于民而能济众"看作不仅是"仁",而且是"圣"。孟子进而论证了"以德行仁者王……以德服人者,中心悦而诚服也"。

可见,德的功用主要在于教化,首先是化个人的不良心性,使之纳于德的规范之中。也就是运用德的标准进行教化,唤起

人们内在的、正直的、善良的天性，即内化于心，使之自觉地远恶迁善，趋吉避凶，不仅远离犯罪，而且经过内省，使心灵净化，于潜移默化之中达到一种高尚的精神境界，所谓"民日迁善而不知为之"。

其次，以德化不良之俗。由于古代中国是政治、经济、文化发展不平衡的统一多民族的大国，因此流行于各地区的风俗多不相同。其中既有良善的风俗，也有荒诞、落后、愚昧的风俗，所谓"百里不同风"。而各地的风俗不是一朝一夕形成的，因此历代在以德化民的同时，也注意以德化俗，使荒诞之俗归于理性、邪恶之俗归于良善，务使不义不肖之徒明礼义、知廉耻，使四海同归于德化。如同宋人苏辙所说："必先正风俗。风俗既正，中人以下，皆自勉以为善；风俗一败，中人以上，皆自弃而为恶。"

最后，也是最为重要的，是以德化民。以德化民反映了政治家的视野由个人扩展到全国的民众，表现出一种博大的政治气魄和抱负。以德化民除了以德的标准施教于民之外，更重要的，是通过善政辅助善教，把施政的立足点移至为政以德。

历代统治者对于以德化民都是十分重视的，其事迹多见于史书记载，借以表征德治与善政。由于民是国家的构成元素，民安则国宁，因此，通过以德化民，既巩固了国家统治的群众基础，也有助于社会的稳定。正是在这一点上，表现出了德的治国之用。德、法之所以被古人说成是治国的二柄，就在于二者在实际的功用上有所不同：一为直接的治国手段，如法是也；一为间接的化民为治，如德是也，表现了二者不同的着力点和价值取向。可见，古人对于德化的论说是理性的，是入世的，虽有价值取向的不同，但不能忽视其历史作用。正因为如此，德法结合、共同为治才成为古代政治家、思想家的治国方案，形成了数千年特有的治国理政传统。

德法互补、共治是历史发展的必然选择

（一）明德慎罚、德法共治的发端

从历史上看，德治论者可谓多矣，但在实践中却没有一个朝代能够只凭德治维持其统治。德治只有与法治相结合，德法共治，才能使国家富强，历史雄辩地证明了这一点。

公元前11世纪，周公在立国之始提出礼乐政刑、综合为治的重大决策；把德与法首次联结在一起，开辟了中国古代德法共治的先路。在"明德慎罚"治国方略的影响下，周朝法制发生了一系列的变革。首先，以流、赎、鞭、扑四种刑罚续于墨、劓、剕、宫、大辟五刑之后，避免动辄用肉刑伤残人的肢体或生命；其次，周公提出区别用刑与罪疑从罚、罚疑从赦的原则，

反映了中国古代法制的先进性；再次，周公告诫康叔，要用中罚，要求刑罚宽严适度，使受刑者无怨；最后，为了准确地司法断罪，实行"三刺"之法，以倾听各方面的意见。经过周公德法互补、共治，不仅稳定了周朝的统治，而且还造就了成康之治的盛世，"民和睦，颂声兴"。"天下安宁，刑错四十余年不用。"

（二）法家的兴起和以法治国方略的形成

春秋时代，诸侯国坐大，王权衰微，奉周礼为圭臬的儒家学派逐渐让位给新兴起的法家学派，法家奉行的法治逐渐取代了礼乐之治。公元前7世纪，早期法家代表人物管仲提出"以法治国"的法治学说，成为时代的最强音，在世界法制史上也是最早的开篇之作。

管仲认为，"威不两措，政不二门。以法治国，则举措而已"。他在论法的作用时，经常与工具——特别是度量衡器相比拟，如："尺寸也，绳墨也，规矩也，衡石也，斗斛也，角量也，谓之法。""法律政令者，吏民规矩绳墨也。"从而表现出了法律工具价值的意向。

管仲虽然提出并且奉行法治，但他并未完全否定周初的礼法之治，同时也以周天子为天下共主而相号召，表明了早期法家的一种状态。"礼义廉耻，国之四维"表现了管仲的道德理念，并把它视作国家兴亡的重要因素。他特别强调民富之后，必须继之以教化。所谓"仓廪实而知礼节，衣食足而知荣辱"。

(三) 儒家推出为政以德与以法治国相抗衡

春秋晚期奉行礼乐之治的孔子，面对日益尖锐的礼崩乐坏的形势和法家法治学说控制时代的潮流所向，力图宣扬"克己复礼""为政以德"之说，作为救世的一种声音。为了抗衡以法治国，他提出"为政以德"的主张，并且渲染"为政以德"的作用："为政以德，譬如北辰，居其所而众星共之。"

在孔子看来，民众在解决衣食温饱之后，追切需要的是进行教化，使之明礼义、重廉耻、远罪恶、知是非、近善良、敦乡里、识大体、爱国家，能够自觉地进行内省自律，约束自己的行为，使之符合德的圣训和法律的规范。

总括孔子关于为政以德的主张，基本停留在说教的阶段，并没有机会付诸实践。这是和孔子所处的春秋时代的历史背景分不开的。春秋时代是五霸争雄的时代，克己复礼、为政以德已经与时代的潮流相悖，不为诸侯国所重视。因此，孔子周游列国，无果而终。

(四) 法、术、势相结合的法治思想的应用

战国时代，法家显学的地位进一步巩固，法家代表人物纷纷走上政治舞台，他们主张的法治与早期管仲的主张有所不同，

剔除了礼乐的影响，更直接地实行以法为治。法家学说集大成者的韩非提出了"法、术、势"三位一体的理论，成为"帝王之具"，为君主专制制度提供了理论基础，使得法家所主张的"一断于法"的法治学说走向了它的反面。

秦始皇统一六国以后，肆行专制，以意违法，刑戮妄加，终致二世而亡。如果说秦之兴，兴于明法治；那么秦之亡，则亡于毁法治。中国古代法治的局限性就在于遇有明君，可以发挥法律治国的积极作用；遇有无道的昏君，不仅不能发挥法的积极作用，反而会坏法生事，害民误国。说到底，中国古代的法治不过是君主人治下的法治。

（五）德主刑辅，德法共治的发展阶段

秦亡的巨变留给汉初政治家、思想家无尽的思考和总结。儒家代表人物董仲舒传承周人明德慎罚和战国时期荀子隆礼重法的学说，发展成一整套德刑关系的理论，为德主刑辅的国家治理方略奠定了理论基础，并为汉武帝所采纳。此后，儒家思想逐渐成为统治思想。

汉宣帝提出"霸王道杂之"的国家治理方略，用儒家的仁政德礼之说饰于外，而以法家的刑名法术之学藏于内，实行外儒内法，反映了对德法两手并用、各尽其用的高度政治智慧。外儒符合中国的传统国情和民族心态，可以赢得民心，稳定社会。以法家学说为内涵，有利于皇帝的专制统治和发挥法律的治世功能。

德主刑辅的治国方略表现出德法共治进入了一个新的发展阶段。德主刑辅的治国方略使得立法沿着以德为主的轨道运行，对于司法制度的设计和建构也都渗透了明刑弼教的理念，特别是百姓遵守道德的义务与遵守法律的义务相统一，既有利于法律的稳定，同时也减少了适用法律的阻力。

(六) 德礼为本、刑罚为用，德法共治的定型阶段

《唐律疏议》"名例"篇开宗明义："德礼为政教之本，刑罚为政教之用。"这是汉以来德主刑辅的重大发展。"德礼为政教之本"比起单纯的"德主"，突出显示了德礼在政教中的本体地位。至于"刑罚为政教之用"，比起单纯的"刑辅"，更明白晓示了刑罚在政教中的作用。唐律还将德礼、刑罚的本用互补关系比喻为自然现象的"昏晓阳秋"，以示二者的内在联系、永恒不变，所谓"犹昏晓阳秋相须而成者也"。唐人设计的治国方略一直影响到后世。

德礼与法律都产生于中华民族的文化土壤，都以维护国家的稳定富强为目标，因此二者相向而行，具有一致性。但是由于德与法各有其侧重点，因而在司法实践中也会产生矛盾。针对此项矛盾，或为了维护法的权威按法办理，或为了弘扬德的

价值按德施行，最终均以国家利益为依归。

总括上述，德法互补、共治是中国古代国家治理的成功经验，也是历史发展规律的体现。由于历代的历史条件不同，使德法互补的内涵也不断地丰富，显示了德法互补既有阶段性，也有连续性和一贯性。它符合中国古代的国情，是先哲们充满理性的伟大创造，反映了中国古代具有鲜明特色的道德观、法律观，也彰显了独树一帜的法文化的先进性和特殊性。凡是德法互补、共同治国成功的朝代，均为盛世，因此，从史鉴的角度来考察中国古代德法互补治国方略的设计与实施及其历史经验，很有现实意义。

（原载《北京日报》2018年11月5日第15版）

中华法系的价值与中华法系的重塑

中华法系至少具有四大价值

经过不断研究,我对于中华法系的价值形成了以下四点认识。

第一,中华法系体现了中国文化的博大精深,可以看作中华法制文明的集中代表。中华法系在漫长的形成与发展过程中,不仅积淀下深厚的法文化底蕴,也表现出不同历史阶段法制文明的进步。它惊人的感染力和渗透力不限于国内,也影响着朝鲜、越南、日本等国家,使得这些国家的法律制度、社会风气乃至生活习惯都带有中华法系的烙印,形成了一个以儒家学说为主导、以三纲为基本内容的法文化圈。中华法系不仅是中国法文化宝库中的财富,也被世界公认为体现人类社会进步与法制文明的瑰宝。正因为如此,中华法系不仅具有民族性,也具有世界性。真实的历史发展过程,雄辩地说明了中华法系的价值。

第二,中华法系是中华民族理性与智慧的结晶,表现了伟大的创造力。中华法系包含了许多跨越时空的合理性、民主性的制度因素和丰富的思想资源，它虽然是封建性质的法系，但其主流却是中华悠久文化中的民主性精华，不因时代久远而淹没其光彩。如，人本主义的国家治理重心，天人合一的和谐理念，以法治国的国家管理方案，以德化民、明刑弼教的互补关系，罪刑法定的刑法原则，等等，都具有穿越历史时空的普遍价值，是建设当代法治中国的宝贵的历史镜鉴。

第三，中华法系是生成于中国本土上的一个法系，它源远流长、历史悠久而从未中断。世界上曾经出现过许多种法系，但在漫长的发展过程中，或者因汇入其他法系而消弭，或者因国家的灭亡而消亡，或者因其他许多复杂的原因而中断，只有中华法系，经过数千年的发展始终不曾中断。这种悠久性、完整性、系统性、典型性，是世界上其他法系所不具备的，是研究东方文明古国法系的最具代表性的范例。

第四，中华法系的命运是和古代中国的命运紧密联系在一起的。国家的存在与持续发展是中华法系的强大支持力量，而中华法系又对国家的稳定与兴盛发挥着重要的作用。它通过一系列法律制度的建构与实施，维护国家的统一发展，保持社会的和谐，确立政令畅通的管理体制与吏治机制，实现以礼为主导、明刑弼教的社会控制模式，等等。这些都对统一多民族中国的强盛起着积极的作用。

中华法系的价值是重塑中华法系的重要考量

延续千余年的中华法系之所以具有强大的生命力,不是偶然的,它的价值所在,正是重塑中华法系的重要考量。

近代以来,中国法律的发展基本上是与传统中华法系渐行渐远的过程。清末法律改革选择了全盘西化的途径,经由日本吸收了欧陆法律文明,但是随着法律在社会生活中的运用,外来法律与本国生活实际出现了许多不适应性。被改良主义思想家推崇备至的西方法律文化,也并不是最完美、最理想的。有学者深有所感地说:"但是西方的基本文化内涵并不限于这两项(指民主与科学),其中如过度发展的个人主义、漫无限制的利得精神、日益繁复的诉讼制度、轻老溺幼的社会风气、紧张冲突的心理状态之类,则不但未能一一适合于其他非西方的社会,而且已引起西方人自己的深切反省。在现实世界中,我们找不到任何一个具体的西方现代生活十全十美、足供借镜的(例子)。"从其论述中我们不难发现,即使是西方人自己,也看到了他们文化中存在着难以克服的弊端。中国的学者,也在检讨晚清修律全盘西化的缺失,批判它所造成的消极影响。中华人民共和国成立以后又经历了"一面倒"学习苏联的失败,这使更多的国人意识到,在我们睁眼看世界、借鉴吸收外来法律文化的同时,也需要回头看,检索中华民族宝库中的具有超越时空价值的法律文明要素。

我们要在世界进步的潮流中走出自主创新的法治之路,使中国特色的法律制度具有更丰富的内涵与说服力。于是,人们不仅关注中华法系的价值,更思考着中华法系的重塑问题。就在此时,中共中央发出了中华民族伟大复兴的号令,这是中华民族感到极大振奋的时代最强音,发挥着建设祖国的正能量,成为不可阻挡的历史潮流。

作为中华民族传统文化重要组成部分的法律文化,有其辉煌的历史,是世界法文化苑中的一株奇葩。它体系完整、内容丰富、特点鲜明,绵延数千年而从未中断,不仅为中华民族不同时期的发展和法制的进步提供了法文化支持,也为中华民族的当代复兴留下了弥足珍贵的浩瀚的法文化宝藏。因此,中国传统法律文化的传承与改造就成为中华民族文化复兴重要的一部分。而法律文化的复兴,也体现在重塑中华法系上。当然,重塑绝不意味着简单再现,而是在新的历史条件下找出中华法系几千年来形成的合理的法律精神、法律原则、法律行为与当代中国社会之间的适当的切合点,发挥其为建设社会主义法治国家服务的功能,并最终为中华民族的伟大复兴发挥积极的作用。

中华法系是在中国特定的历史条件下形成的,是中华法文化的优越性及其世界影响的集中体现,显示了中华民族的伟大创造力和中华法制文明的深厚底蕴。中华法系从发端到形成经历了一个漫长的过程,这个过程是与来自多源头的法文化的不断整合分不开的。它是中华民族智慧与理性法律思维的结晶,是东方相邻国家的母法,也是世界法系之林的重要组成部分。到了近代,由于国情条件的巨大变化,中华法系受到异域法律文化的强烈冲击而逐渐解体。

中华法系中固有的专制主义、皇权思想、宗法习俗等成分由于失去所依附的载体而退出历史舞台,但就中华法系的总体而言,它凝聚着整个中华民族的精神、智慧与理性,不仅仅属于封建社会的法文化现象,因而实际上并没有消亡,只是处于艰难的转型、更新与重塑的准备阶段。因此,不能简单地把中华法系理解为仅是一个历史现象,或者一个失去生命力的僵化的概念,它具有的超越时空的合理部分都值得重视和吸收。

在中华民族伟大复兴的历史时代,在中华法文化日益受到重视的背景下,重塑体现中华法文化精粹的中华法系是一个必然的趋势。

需要强调的是,重塑中华法系绝不是复古,也不是简单地传承古代的某些法律制度、形式与条文，而是弘扬发源于中华民族本土上的体现中华民族伟大精神的理性思维的法律文化。它是客观的、真实的存在，不是凭空的设想；它是经过数千年风雨炼就的民主性精华，是构建当代法治中国殿堂的元素。为此，我们需要深入研究中华法系，从中提炼出超越时空的法律思维、法律理论以及立法、司法的原则与制度、经验与教训，科学地总结中华法系发生、发展的规律性，并且找到其与当代法治的契合点，使其有机地融入现实的法制建设中来。因此，重塑不是复旧，而是创新，是走中华民族自己的路。这样做，更能体现国情因素所加给中华法系的特殊性与典型性，同时也能使中国当代的社会主义法制特色更加鲜明，更具有说服力。

重塑中华法系，绝不是妄自尊大、自我封闭，而是把目光投向世界进步的法制发展的新趋势，使中国与世界联系起来，取其法治文化的精华为我所用。晚清的全盘西化与后来的照搬苏联，都是引以为戒的不可行之道。如果说古人建设的中华法系曾滋润过相邻的东方国家，长期雄居于世界法系之林，那么，我们今天也有能力、有信心重塑一个体现当代中国法文化成就的新的中华法系。

为了重塑中华法系，我们需要以理性的态度重新审视固有的中华法系,发掘其中可以为当前社会主义法制建设所需要的宝贵的思想文化资源。这是一项极其艰苦的科学研究工作,也是一项光荣的历史使命。

(原载《北京日报》2016年10月31日第20版)

大力弘扬中华法文化

新中国成立 70 年来，发生了震古烁今、翻天覆地的大变革、大发展，这一切都归功于中国共产党的领导，以及在党的领导下人民群众所焕发的无比的创造力。

新中国成立以来，随着建设社会主义法治国家宏伟蓝图的展开，中华法文化的价值逐渐受到重视，在 1986 年 8 月为中央书记处讲授法制课时，第二讲就是中国法制史，其后，在全国人大常委会召开的两次法制讲座中，也都指定中国法制史作为讲座内容；2016 年 12 月，中央政治局就我国历史上的法治和德治进行集体学习，也由法制史学者担任主讲。特别是十八大以来，习近平总书记不仅高度重视法治历史经验的借鉴问题，而且将中华法文化的传承上升到文化自信的高度。他在讲话中多次提到"奉法者强则国强，奉法者弱则国弱"，"法安天下，德润人心"，"德法共治"，"以良法求善治"等，为我们树立了如何总结法治历史经验从而为现实服务的一个范例。习近平总书记关于全面依法治国的新理念新思想新战略，为中华法文化的创造性转化和创新性发展提供了根本遵循。当前，如何激活中华法文化中的民主性因素，是全面推进依法治国和实现中华民族伟大复兴所要求的，也是从事中国法律史研究的一项光荣的历史任务。

党中央历来重视人才培养，新中国成立伊始，便成立中国人民大学，招收了近200名研究生，涉及理论、外交、财经、法律等各个方面。改革开放以后，为了适应建设法治国家的需要，1983年，成立了中国政法大学研究生院，培养高级的法学研究人才，第一届便招收了17个专业125名硕士研究生和3名博士研究生，这是前所未有的。这些优秀的法治人才，成为建设中国特色社会主义法治事业的中坚力量。为适应全面推进依法治国的需要，法治人才的培养规模不断增加，以2017年为例，全国高校招收法学硕士研究生1万余人、法律硕士研究生1.8万余人，博士研究生1400余人。十八大以来，习近平总书记在重视法治人才培养的同时，特别提出"立德树人，德法兼修"的教育理念，并以此作为衡量法治人才基本素养的尺度。与此同时，习近平总书记强调，法学学科体系建设对于法治人才培养至关重要，要立足中国的国情和历史，建设有底气、有自信的法学学科体系。我们在人才培养上既要做到"立德树人，德法兼修"，也要不断完善法学学科体系,努力以中国智慧、中国经验为世界法治文明建设做出贡献。

(原载《民主与法制时报》2019年9月28日第2版)

构建中国特色的法治话语体系

1840年鸦片战争以后,外国侵略者为了攫取中国的司法主权,肆意攻击中国法律野蛮落后,最终在不平等条约中得到了领事裁判权。

面对司法主权的丧失,爱国者们锐意改革清朝法律制度,使之与西方法律趋同,以便收回领事裁判权。在清廷颁发的修律宗旨中虽然提出"汇通中西",但西学东渐以来法律上的"西方中心论",已经笼罩了整个进步的思想界,以致在修律过程中对西方法律采取简单照搬的模式,不数年间便建立起了仿大陆法系的近代法系。但在"西方中心论"的影响下,丧失了法制建设上的自我中心,对于中国传统法文化漠然视之,甚至不屑一顾。

外国学者说中国古代只有刑法没有民法,有些中国学者也说中国古代除刑法外是一片空白,既无民法也无行政法。毋庸赘言,中国古代不可能有近代意义的行政法与民法,但不应由此否认中国古代也有调整行政法律关系与民事法律关系的立法,否则中华法系便不可能是独立的法系,并且影响周边国家一千余年之久。可见，不清除"西方中心论"残余的消极影响，便不能正确评价中华法制文明和传统法文化，也妨碍了从国情出发自主创新地建设法治中国。

从法律起源文献记载看中华法文化先进性

早在华夏族法律起源之前，活跃在长江流域的"三苗"部落已经出现了财产的私有与阶级的分化和斗争。晋杜预在为《左传·文公十八年》作注时指出："贪财为饕，贪食为餮，即三苗也"，"民皆巧诈，无有中于信义。"为了控制矛盾的发展，不至于两败俱伤，"三苗"领袖蚩尤制定了法律。据《尚书·吕刑》记载："苗民弗用灵，制以刑，惟作五虐之刑曰法。杀戮无辜，爰适淫为劓、刵、椓、黥。"注曰："三苗之君，习蚩尤之恶……而更制重法，惟作五虐之刑，乃言曰此得法也。"

《尚书》记载描述了私有制所产生的阶级分化与阶级矛盾的状态。"三苗"之君蚩尤摆脱了宗教神灵的羁绊，为了控制矛盾的发展制定了刑罚。典籍中所记述的法律起源的过程和论断与马克思主义的法律起源学说是基本一致的，充分说明了中华法文化的先进性。

不仅如此，"三苗"战败后，黄帝"灭其族而用其刑"，也就是在苗民"五虐之刑"的基础上发展为夏、商、周三代通行的"墨、劓、剕、宫、大辟"等五刑系统,一直沿用至汉初。从而说明在中华法制文明早期发展过程中,已经表现出了多元性与统一性的特点。

从三种国家治理方案看先哲智慧与理性的法律思维

1. 礼乐政刑、综合为治的国家治理方案

公元前11世纪周灭商后,统治者面临如何治理国家,应对险恶的形势和建立未来的功业。杰出的政治家、思想家周公设计了礼乐主宰下的"礼乐政刑,综合为治"的国家治理方案。礼是确认贵贱尊卑等级秩序的行为规范,以确保王室独尊的政治地位和王臣公、公臣大夫、大夫臣士的权力结构;乐是与礼配合的音乐,有庙堂之乐、宫廷之乐、诸侯大夫之乐和庶民之乐,孔子说"移风易俗莫善于乐",说明乐的主要功能是移风易俗;政是设官分职建立政权机构,《尚书·立政》列举了周朝职官的名称与职掌;刑主要指立法建制,周初制定了"九刑",《左传·文公十八年》有"在《九刑》不忘"的记载。"九刑"是九等刑罚,也可视为刑书九篇。对于礼乐政刑的相互关系和效用,《史记·乐书》做出了解释:"故礼以导其志,乐以和其声,政以壹其行,刑以防其奸。礼乐刑政,其极一也,所以同民心而出治道也……礼节民心,乐和民声,政以行之,刑以防

之。礼乐刑政四达而不悖,则王道备矣。"礼乐政刑、综合为治的国家治理方案,造就了西周数百年稳定的统治,对后世影响深远。

2. 以法治国的国家治理方案

春秋时期生产工具的进步,带动了生产关系的变化。原有的土地国有制度逐步为新开垦的私田所取代。生产关系的变化又推动了上层建筑的变化。曾经是天下共主的周王室衰微了,诸侯不朝,王命不行;诸侯之间篡弑不绝,僭号称王、僭号称公,层出不穷。周公制定的礼乐崩坏了。

在社会大动荡的严峻形势下,儒墨道法各派的思想家都在思考着如何控制局面,营造理想的国家制度。仅以儒法二家为例:儒家创始人孔子提倡仁政,以"天下归仁"为终极目标,以克己复礼为达到这一目标的手段。在政治上主张"为政以德"。孔子之后的孟子、荀子也都主张以德礼来重整世道人心,用刑罚来辅弼教化,最终使"天下归仁"。

与儒学并称"显学"的法家学派提出以法治国的新的国家治理方案。早期法家管仲说:"威不两措,政不二门,以法治国则举措而已。"法家不仅是言者,而且是行者。在他们执政的齐、楚、魏、秦各国,都进行了以"法治"为目标的社会改革与法制变革。如魏国李悝制定《法经》,以推动和保障"尽地力之教"的社会改革，终使魏国富强。秦国商鞅颁行一系列法令，引领改革的方向，规范改革的内容，扫荡改革的阻力，巩固改革的成果，奠定了秦灭六国的基础。

后期法家韩非传承早期法家的法治思想，并且设计了他理想中的以法治国："境内之民，其言谈者必轨于法，动作者归之于功，为勇者尽之于军。是故无事则国富，有事则兵强。"他还在总结历史经验的基础上，提出"国无常强，无常弱。奉法者强则国强，奉法者弱则国弱"。

奉行以法治国主张的法家，活跃于政治舞台达数百年之久。

3. 外儒内法、德主刑辅的国家治理方案

西汉建立后，鉴于秦朝法繁刑暴遭致二世而亡的教训，遂以儒家学说为统治思想，实行"霸王道杂之"，外儒内法、德主刑辅的国家治理方案。

至唐朝进一步发展为"德礼为政教之本，刑罚为政教之用"，并将二者互补互用的关系比喻为"昏晓阳秋"自然现象的永恒不变。唐以后的历史一直沿着以德化民、以法治国的轨迹运行到清末。

以上三种国家治理方案的设计，充分显示了古圣先哲智慧和理性的法律思维。每一种国家治理方案都有它存在的必然性和合理性，都与特定的时代背景相契合，而且是在特定的思想

理论指导下完成的,都具有历史借鉴意义。

从民惟邦本论述看中国古代民本思想

《尚书·五子之歌》中提出"皇祖有训,民可近,不可下,民惟邦本,本固邦宁",由此奠定了中国古代民本思想的基石。西汉贾谊从总结秦亡的教训中提出了国以民为本的命题,他说:"闻之于政也,民无不为本也。国以为本,君以为本,吏以为本……此之谓民无不为本也。"为了贯彻民惟邦本的主张,首在于得民心。管子说:"政之所行,在顺民心;政之所废,在逆民心。"孟子说:"桀纣之失天下也,失其民也;失其民者,失其心也。得天下有道:得其民,斯得天下矣;得其民有道:得其心,斯得民矣。"他还提出了一个千古不朽的命题:"民为贵,社稷次之,君为轻。"唐太宗李世民鉴于隋亡的历史教训,认为"为君之道,必须先存百姓",并说"朕每日坐朝,欲出一言,即思此一言于百姓有利益否?所以不敢多言"。

为了得民心以使本固邦宁,中国古代的思想家们提出了"爱民则安,富民则强"的观点。荀子说:"故君人者,爱民而安。"成书于战国时代的《六韬·文韬国务》说:"善为国者,驭民如父母之爱子,如兄之爱弟。见其饥寒则为之忧,见其劳苦则为之悲。赏罚如加于身,赋敛如取己物。此爱民之道也。"

但爱民并不是空发议论,而在于利民、惠民、富民。孔子说:"百姓足,君孰与不足?百姓不足,君孰与足?"即强调只有百姓富裕才能使国家富强。孟子也以富民作为养民之要着,他说:"是故明君制民之产,必使仰足以事父母,俯足以蓄妻子,乐岁终身饱,凶年免于死亡。"为了富民养民,历代也在立法建制上予以保障。如保护自然生态平衡,使民获得良好的生存环境;田土均之,使民获得生产手段;轻徭薄赋,使民有可能进行扩大再生产。在民衣食满足之后,负责教之,便提上了议事日程。孔子在回答冉有"既富矣,又何加焉"的提问时,明确回答说:"教之。"主张"善政"的孟子认为"善政"与"善教"不可分,"善教"有利于得民心,是弘扬"善政"的重要手段,他说:"仁言不如仁声之入人深也,善政不如善教之得民也。善政,民畏之;善教,民爱之。善政得民财,善教得民心。"他同时主张:"教之不改而后诛之。"荀子也说:"不教而诛,则刑繁而邪不胜。"所谓明刑弼教也就是彰显法律的规范内容,使民远恶迁善,避免犯罪。

从以上约略谈到的中国古代民本思想几个方面,已经可以看出民本思想的内容是何等的丰富。中华民族的历史经历五千年而从未中断,中华文化的辉煌成就,都雄辩地证明了人民的伟大贡献。古圣先贤关于民本的思想论述许多是有现实意义的,值得认真总结。

从古代法治思维与法学著作看中华法文化价值

管子提出的"以法治国",是法家思想最高的综合,也是世界上最早的第一声法治呐喊。此后,法为"治国之具"便成为历代统治者的共识。无论是汉族的统一政权,还是少数民族的地方政权,立国之始都积极立法。北魏孝文帝"凡立法有疑义,亲临决之,后世称焉"。

在司法方面,法家主张援法断罪。至晋朝刘颂提出"律法断罪,皆当以法律令正文;若无正文,依附名例断之;其正文名例所不及,皆勿论"。此义明确表达了罪刑法定的认识,是否已形成法律条文,由于《晋律》已佚,不得而知。但从北周和唐朝关于律法断罪的法律规定中,可以推测晋律已将刘颂的建议法律化了。特别是《唐律疏议》做出的"诸断罪,皆须具引律令格式正文,违者,笞三十"被此后历代传承,是中国古代的罪刑法定原则。它与西方资产阶级革命时期提出的罪刑法定主义基本原则是一致的,但却早于西方一千多年。

唐朝,魏徵曾将国家、皇帝、法律三者之间的关系做了形象的比喻,国家是一匹奔马,骑手是皇帝,皇帝手中的鞭子就是法律。这个比喻说明在专制制度下,法治的实施受到了君主的制约。

在法治思想的影响下,也产生了具有特殊形式和特殊发展规律的法学。中国古代典籍中没有近代意义上的"法学"一词,但不能就此否定中国古代特有的"法学"的存在。辉煌百代的伟大中华法系,怎么可能没有法学的支撑?汉唐以来规范详密、制度完备的中国法律传统,怎么可能没有法学为其论证和指导?

中国古代法学,在漫长的发展过程中可以分为先秦和秦汉以后两个时期。

先秦时期的法学出自诸子百家,多为抽象地论述法律,类似于今天的"法理学"或"法哲学"。但即使是法家也没有形成集中的法学著作。然而在他们关于法的片段论述中,仍然爆出了可贵的思想火花和警世恒言的价值。如(1)"以私害法,其乱甚于无法"。慎到说:"法之功,莫大使私不行……今立法而行私,是私与法争,其乱甚于无法。"(2)"法之不行,自上犯之"。此语出自商鞅,他在变法时受到以太子为首的旧贵族的抵制,有感而发。在专制制度下,法之行与不行只能取决于上。(3)吏民知法,互不相侵。商鞅说:"吏明知民知法令也,故吏不敢以非法遇民,民不敢犯法以干法官也。"(4)"奉法者强则国强,奉法者弱则国弱"。此语出自韩非,是他从春秋以来诸国的兴衰中得出的结论。

秦汉以后中国古代法学进入注释法学时期,《睡虎地秦墓竹简》中的《法律答问》就是官定的释律之作。例如它对秦律中何为"乏徭",何为"逋事",解释如下:"当徭,吏、典已令之,即亡弗会,为'逋事';已阅及敦(屯)车食若行到徭所乃亡,即为'乏徭'。"由于秦实行"以法为教,以吏为师"的政策,所以只有官方释律而无私家注律。

两汉法律儒家化的潮流,使得经学大儒开始注律,并得到官府的认可,出现了聚徒讲授、子孙世守其业的现象,达到了律学发展史上的第一次高峰。

汉以后魏晋律学家也多为经学大师,律学虽仍为经学的附庸,但已出现"科学注律"的倾向。

唐朝注律由官府执掌,《唐律疏议》的"疏议"就是官方注律的主要成果。它在推原律义、考镜源流、实例释律方面,都进行了言简意赅的阐释,成为后世注律的典范,是律学史上的第二次高峰。

宋朝律学重点在司法实践,出现了《名公书判清明集》《棠阴比事》《折狱龟鉴》《洗冤集录》等律学著作,是宋代应用律学的代表。

明清时期出于加强司法的需要和弥补官吏法律知识的阙如,允许私家注律,出现了众多有影响的律学家。如,王樵、王肯堂父子,雷梦麟,沈之奇,王明德,吴坛,黄六鸿,汪辉祖,薛允升,沈家本等人。其写作的风格和门类各有千秋。

以清律学为例,第一,是司法应用类律学。其代表作为王明德所著《读律佩觿》,其他如《例案全集》《刑案汇览》《学案初模》《驳案新编》《洗冤录详义》等。

第二,是辑注、考证类律学。辑注类以沈之奇《大清律辑注》为代表,考证类以吴坛《大清律例通考》为代表。

第三,是通俗类律学。以蔡逢年、蔡嵩年兄弟所撰《律例便览》为代表,此外还有《明法指掌》《大清律例歌诀》等。

第四,是律例比较类律学。其代表作为薛允升的《唐明律合编》,此书借贬明律隐喻清律之失,这在他为沈家本《刺字集》所作的"序"中明白表示:"今律沿明之旧,而款目更多,究亦未能画一。为欲救正其失而不能也,用是时歉于怀。"

第五,是判牍类。此类著作或以文辞优美见长,或以法、理、情三者兼顾而为时人所称道,因此流传颇广。主要如《徐公谳词》《樊山判牍》《吴中判牍》等。

第六,是学治类律学。代表作为黄六鸿撰《福惠全书》,此书备受为官者推崇。

清朝注律官私并举,队伍庞大,而且门类齐全,群书竞献,绵延近二百年之久,是律学史上的第三次高峰。

律学著作因着眼于司法实际的需要，因此其理论与思想的深度不如先秦的古典法学。但因所注释的律文多为刑法典，因此注释中也表达了刑法学、司法学甚至历史法学方面的学术见解。

总括上述可见，中华法制文明是早熟的，中华法文化的底蕴是深厚的，在治国理政上的经验是丰富的，显示了中华民族先哲们高超的政治智慧与理性的法律思维。我们要从这座宏伟的智库中继受宝贵的遗产，为拓展自主创新的法治之路服务。

（原载《中国社会科学报》2016年1月21日第8版和26日第8版）

辑 二

中国古代的官吏管理

- 中国古代察官治吏的法制经验
- 中国古代"治理"的一项重要经验
- 论中国古代的行政组织法
- 官员任免与考选:从秦到清的演进
- 中国古代司法官的选任与培养
- 惩贪及奖廉并举的考课法
  ——廉政法制建设的先导
- 任法与任吏相统一
  ——一条成熟的治国之策
- "有官必有课,有课必有赏罚"
- 讲读律令:明朝官吏普及法律的硬任务
- 秦汉时期的法律宣传
- 古代官吏的"普法教育"

中国古代察官治吏的法制经验

中国监察法制的历史是中国法制史的重要组成部分,同样是源远流长、从未中断的。监察法律文化的积淀之深厚与监察立法内容之丰富,都体现了中华民族的创造力,是取之不尽的治国财富。

中国古代的权力结构是沿着专制主义集权的轨道发展的,它之所以得以矗立,有赖于统一的军队和统一的官僚机构的支撑。官僚机构是推动国家机器运转,实施治国、理政、驭民的物质力量,因此治官——使官僚按照法定职责行事,具有重要的意义。为治官而需要察官,为察官而需要法律,监察法制就是在这个过程中产生和发展的。

由于历代的历史背景不同,面对的政治形势和统治集团内部的权力关系也有异,因此监察法制的具体任务是不同的,但总的说来都是依法整肃百僚,"彰善瘅恶,激浊扬清",平衡统治集团内部的利益分配,控制官僚个人法定权利以外的占有,借以缓和官与民的矛盾,发挥官僚机构的制衡作用和实现社会的整合。

随着中国古代整体法制的进步,监察法制也获得了稳定的发展,而监察法制的发展,又进一步加深了中国本土法文化的鲜明色彩,凸显了中华法系的特殊性与价值。中国古代监察法的系统性、完整性、持续性都是世界法制史上所少有的。它所确认的监察制度建构、多元的监察机关体系、广泛的监察法律规范,都鲜明地表达了中华民族在运用法律约束权力、规范权力运行上的理性思维与智慧。

中国古代监察法制在其漫长的发展过程中,基于社会历史条件的不同,形成了不同的发展阶段,以及与之相适应的时代特点。战国、秦汉是中国古代监察法制的形成阶段,魏晋南北朝、隋唐是其发展阶段,宋、元、明、清是其完备阶段。晚清时期官制改革,传统的监察机构与制度也列于改革之列,为此德宗下谕:"都察院为朝廷耳目之官,于一切政治阙失、民生疾苦,自应留心考核,据实指陈。"根据德宗的谕旨,奕劻在《复奏会议都察院官制折》和《奏厘定中央各衙门官制缮单进呈折》中仍将监察院列为直属朝廷的五院之一,以制衡内阁。他说:"内阁各大臣不可以兼充繁重差缺,犹虑其权太重也,则有集贤院以备咨询,有资政院以持公论,有都察院以任弹劾,有审计院以查滥费,有行政裁判院以待控诉。凡此五院,直隶朝廷,不为内阁所节制,而转足以监内阁,皆所以巩固大权,预防流弊。"

然而,随着清朝的转瞬覆亡,中国古代监察法制的历史也宣告终结。产生于中国文化土壤的监察法制,是适合于中国国情的历史性创造,它所积累的依法察吏,约束权力,严格监察官的任职条件与违法制裁,制定专门的监察法及保证其实施等,都具有现实的借鉴意义。

《中国古代监察法制史》一书是教育部重大项目成果,各章作者从搜集资料到完成其稿,前后近两年。我们力求做到系统梳理零散的监察法史料,而且致力于阐述监察法的实施,摆脱仅限于法律条文的静态研究;同时也注意与监察法制相关的人物及其思想的评介。

十八大以来,中国共产党开展了轰轰烈烈的正风反腐工作,取得了举世公认的成效。在这个过程中,中国古代察官治吏、防腐奖廉的历史经验起到了积极的史鉴价值。当前,党中央把深化国家监察体制改革作为事关全局的重大政治体制改革,决定整合反腐败力量,设立国家监察委员会。此次再版此书,限于时间匆促,只做部分修订,并增加结语一节,以飨读者。

(原载《北京日报》2017年7月31日第20版)

中国古代"治理"的一项重要经验

中国是具有悠久历史的文明古国。古圣先哲对于治国理政、法制建设进行了精辟的论证,显示了高度的理性法律思维和伟大的创造力,为世界法文化宝库做出了卓越贡献,其中之一就是认为推行法制不仅需要制定善法,而且还需要具有执法的良吏;片面的任法与片面的任人都不能带来法制的实施和国家的稳定;只有任法与任人(官)相统一才能充分发挥善法的价值,带来社会的安宁与国家的富强。

孟子:"徒善不足以为政,徒法不能以自行"

例如,孟子主张:"徒善不足以为政,徒法不能以自行。"即是说,再好的法律也需要良吏去执行,否则等同于废纸。又如,主张"隆礼重法","法者,治之端也"的荀子为了发挥法律的作用,充分论证了治人的必要性,他说:"故法不能独立,类不能独行,得其人则存,失其人则亡。法者,治之端也;君子者,治之原也。故有君子则法虽省,足以遍矣;无君子则法虽具，失先后之施，不能应事之变，足以乱矣。不知法之义而正法之数者，虽博，临事必乱。故明主急得其人，而暗主急得其势。急得其人，则身佚而国治，功大而名美，上可以王，下可以霸；不急得其人而急得其势，则身劳而国乱，功废而名辱，社稷必危。"

白居易："虽有贞观之法，苟无贞观之吏，欲其刑善，无乃难乎"

汉唐以来，严于执法之吏，不仅纠正了君主以臆违法的缺失，而且极大地增强了法律的权威，造就了难得的法制秩序，出现了文景之治、贞观之治的盛世。例如，汉文帝时，廷尉张释之依法判处一名"犯跸"者罚金四两，文帝意欲重判，张释之义正词严的谏诤，使文帝折服，肯定了其所断之刑，并赞许说："廷尉当是也。"又如，贞观年间，唐太宗曾下令，凡诈冒资荫者，处死刑。不久，温州司户参军柳雄诈冒资荫事发，大理寺少卿戴胄却对其判处流刑。结果，太宗非但没有责怪戴胄，反而褒奖他说："朕法有所失，卿能正之，朕复何忧也。"在唐太宗的影响下，贞观一朝形成了以求实务实相标榜的政治风气。

唐德宗时，政治生态已经每况愈下，朝堂上"小人多，君子少"，法纪败坏，奸吏迭出。此时，法虽为旧时良法，但执法之吏却难称良吏。面对这样的现实，白居易在《论刑法之弊》一文中曾慨叹说："虽有贞观之法，苟无贞观之吏，欲其刑善，无乃难乎？"事实也确实如此。如果没有房玄龄、杜如晦、魏徵等一大批贤吏严于执法，《贞观律》也很难实施。

王安石："守天下之法者莫如吏"，"吏不良，则有法而莫守"

北宋时期，著名思想家王安石一方面重视制定善法，他说："立善法于天下，则天下治；立善法于一国，则一国治"；另一方面，为了发挥善法的治世之功，他在变法改革的实践中十分强调良吏执法的重要性。例如，他在《上时政书》中充分论证了"众建贤才"与"大明法度"之间的逻辑关系。他将国家比喻为"大器"，为了治理国家，"非大明法度，不足以维持，非众建贤才，不足以保守……贤才不用，法度不修，偷假岁月，则幸或可以无他，旷日持久，则未尝不终于大乱"。他以五代时期晋、梁、唐三帝不重法制、不任贤才，以致"灾稔祸变"为例，建议皇帝"以至诚询考而众建贤才，以至诚讲求而大明法度"。又如，他在《翰林学士除三司使》等文中明确提出"守天下之法者莫如吏"，"吏不良，则有法而莫守"等著名观点。这些论述，并非空穴来风，未尝不是他在变法改革中的切身感受。南宋时期，朱熹立足于地方官的施政经验，在《论治道》中阐述了他对任法与任人关系的认识。他说："大抵立法必有弊，未有无弊之法，其要只在得人。若是个人，则法虽不善，亦占分数多了；若非其人，则有善法，亦何益于事！"他认为立法必有弊，要在得人，可以弥补法之弊。

王夫之："任法任人，皆言治也"

明末清初著名思想家王夫之在《读通鉴论》中，探讨了任法与任人的关系。他说："法严而任宽仁之吏，则民重犯法，而多所矜全。法严而任鸷击之吏，则民轻犯法，而无辜者卒罹而不可治。"他从总结历史经验的角度提出："任法任人，皆言治也"，但"任人而废法……是治道之蠹也，非法而何以齐之？"在王夫之看来，法是人君制定的，人君依靠法律饬吏治、恤民隐。但是，他也反对只任法不任人，认为任法而废人也是"治之敝也""未足以治天下"。因为"律令繁，而狱吏得以缘饰以文其滥。……律之设也多门，于彼于此而皆可坐。意为轻重，贿为出入……辩莫能折，威莫能制也"，而且"法之立也有限，而人之犯也无方。以有限之法，尽无方之慝，是诚有所不能该矣"。结论就是任人与任法相结合，"择人而授以法，使之遵焉"，"进长者以司刑狱，而使守画一之法"，避免单纯任法与任人的弊病。王夫之的上述观点,剔除了某些思想家各执一端的偏见,也是就明末法制废弛、官吏贪暴的恶劣现实而发的,是抨击,也是矫弊;是对以往的总结,也是对未来的期望。

梁启超:"故法与人虽不可偏废,然有人而法自随之,其道为两得,徒法无人,并法亦不能以自存,其道为两丧也"

近代思想家梁启超认为片面的任法与片面的任人都是有害的。他说:"任人不任法者,人无必得之券,则国无必治之符。所待之人未至,则国已先乱亡矣。任法不任人者,法固中材之所能守,而不必有所待。"他进一步论证说:"自近世法治人治之辨兴,于是始有持为政在法之说者。夫法之不善,则不足以维持国家于不敝,斯固然矣。顾苟有其人,则自能审度时势,以损益诸法而善用之;苟非其人,则虽尽取天下古今至善之法以著诸官府,其究也悉成具文,而弊之与法相缘者,且日出而不知所穷。故法与人虽不可偏废,然有人而法自随之,其道为两得,徒法无人,并法亦不能以自存,其道为两丧也。"在梁启超看来,任法与任人同等重要,二者具有统一性。良吏在执法过程中,只有审时度势,对诸法进行损益,并善用良法,才不会使善法沦为具文。

李大钊:"宜取自用其才而能适法之人"

五四运动时期,共产主义先驱者李大钊也阐述了任法与任人统一性问题。他说:"国之存亡,存于法……国而一日离于法,则丧厥权威",但"若惩人治之弊,而专任法律,与监法治之弊,而纯恃英雄,厥失维均,未易轩轾"。他一方面强调"溯本穷源,以杀迷信人治之根性……盖此性不除终难以运用立宪政体于美满之境",另一方面阐明"法律死物也,苟无人以持之,不能以自行",故"宜取自用其才而能适法之人"。可见,任法为本,任人为用,本用结合,即是法与吏的统一。这是古人从实践中得来的一项重要经验。

总之,任法与任人的关系是中国古代"治道"的重要一环,论者多矣。这里仅择要言之。"任法与任人相统一"这项从实践中得来的经验对后世起着悠久的警世作用。历史雄辩地证明,二者结合得好的王朝多为盛世,如汉文景之治、唐贞观之治,既有良法也有执法的贤吏。古人关于任法与任人相互关系的论断,可为当下全面推进依法治国的历史任务和培养法治人才提供史鉴。

(原载《北京日报》2017年9月25日第19版)

论中国古代的行政组织法

中国古代行政法历史悠久，博大精深，在中华法制文明中占有重要地位。行政机关的组织法是中国古代行政法的主要成分。

战国时期，随着官僚制度取代世卿制度，行政机关组织法逐渐充实，《睡虎地秦墓竹简》中已经展示了秦统一前行政立法的概貌。如属于官吏的任用、铨选、调任、考察以及职掌的法律有：《置吏律》《除吏律》《除弟子律》《内史杂》《司空》《效律》；属于户籍与赋役管理的法律有：《傅律》《徭律》《戍律》；属于经济行政管理的法律有：《垦草令》《田律》《仓律》《藏律》《厩苑律》《牛羊课律》《关市》《金布律》《工律》《工人程》《均工》《司空》；属于军事行政与司法行政的法律有：《军爵律》《中劳律》《敦表律》《公车司马猎律》《尉杂律》《捕盗律》《封诊式》。

秦统一以后，为确立专制主义中央集权制度，加强了行政立法。譬如，建帝制，置郡县，改官制，统一文字、度量衡和币制等。而以律为行政法的法律形式，也反映了法制处于初期阶段的一种特色。

至汉代，随着专制主义中央集权制度的巩固，汉律六十篇中行政法律较秦时有所发展，《朝律》就是一部集中的行政法律。

唐代是中国古代的盛世，国家体制已经达到成熟和定型，有关行政机关的编制法已经达到法典化的程度。如玄宗时期历时十六载制定的《唐六典》，就是一部代表作。《唐六典》是唐代具有行政法典性质的法律文献，也是开创的一种法律规范形式。它以唐代官制为纲目，分卷记述中央三师、三公、尚书都省，吏、户、礼、兵、刑、工六部，门下、中书、秘书、殿中、内侍五省，御史台及太常、光禄、卫尉、宗正、太仆、大理、鸿胪、司农、太府九寺，国子、少府、军器、将作、都水五监，十六卫；太子东宫府率，诸王公主府邑；地方三府、都督、都护、州、县等行政机构。详述各官职司、品秩、官员编制、职责范围、行政管理的基本原则、方式和规程，以及各行政机关之间的关系，每一官署、官职的历史沿革。从此典律分野，在封建法律体系中出现了行政法的独立分支。《唐六典》的制定不仅是唐代立法活动的卓越成就，而且对后世行政法的发展也有着深远的影响。除《唐六典》外，在有关的令、格、式中也规定了一系列行政法规范，标志着封建行政法的重大发展。

宋朝在加强中央集权的基本国策指导下，建立起庞大的官僚机构，并改革行政管理体制。为了确认新的行政管理体制，维系国家机关之间的相互关系和有效运转，颁布了一系列行政立法，除《宋刑统·职制律》二十二门中有关综合性的行政法律外，还制定了与行政编制相关的一些法律。南宋颁行的《庆元条法事类》中，也收录了有关行政机关编制法的法规。保留至今的还有《吏部七司法》残卷和《景定吏部条例》。

明朝建立以后，为了"以累朝典制，散见于简册卷牍之间，百司难从查阅，民间无法悉知"，孝宗弘治十年（1497）开始纂修《会典》，至弘治十五年（1502）修成。会典取材于明朝官修律、令、礼、式、宪纲和诸司档案籍册，内容广博，记述详备，是"辑累朝之法令，定一代之章程"的大经大法，因而受到最高统治者的重视。《大明会典》的体例，基本沿袭《唐六典》，以六部官制为纲，按宗人府、六部、都察院、六科、各寺、府、监、司的次序，分述各行政机关的职掌和事例。但它与《唐六典》有所不同，不单纯是行政法律的汇编，而且是天下臣民遵守力行的，具有行政法典性质的重要法律，它是明朝立法的重要成就，也为清代五朝会典的制定提供了先验。

清朝康熙帝亲政以后，为了使国家机关的活动有典有则，下诏仿明会典起草清会典,历时六年完成,史称《康熙会典》。《康熙会典》是清朝正式颁行的第一部具有行政法典性质的大法。按以官统事,以事隶官的体例分列宗人府,内阁,吏、户、礼、兵、刑、工六部,理藩院,都察院,通政使司,内务府以及其他寺、院、府、监等机构分目,首尾相衔,内容详备。

康熙帝以后,雍正十年(1732)编成《雍正会典》。雍正帝在会典的御制序中说:"朕缵承宝位,体皇考之心以为心,法皇考之政以为政。其有因时制宜,更加裁定者,无非继表述事之意,绍闻衣德之思,爰允礼臣蒋廷锡所请,命阁臣开馆纂修,自康熙二十六年(1687)至雍正五年(1727),所定各部院衙门礼仪、条例悉行检阅,照衙门分类编辑。凡经九载,篇帙告竣,于是圣祖仁皇帝临御六十余年,立纲陈纪之端,命官敷政之要,首末完具,灿然如日星之炳照,与虞书周礼,并垂不刊。"

乾隆十二年(1747),乾隆帝下令重修会典,从清太祖努尔哈赤起,迄至乾隆二十七年(1762),上下百余年,内容较康熙、雍正两朝会典完备。凡涉及庙坛、职方和地理均附有图表。同时鉴于"例可通,典不可变",唯恐典例并载使后人"妄相牵引,无所适从"。因此,将附于各条的则例分出另编。按照以典为纲,以则例为目,使典例既不相混,又互相补充的宗旨,撰成《乾隆会典》一百卷,《乾隆会典则例》一百八十卷。这是《乾隆会典》有别于康熙、雍正两朝会典的变革之处。从《乾隆会典》起,"以典为纲,以则例为目",分别编辑,成为固定的体例。

乾隆以后,嘉庆六年(1801)续修会典,于嘉庆二十三年(1818)完成会典八十卷,事例九百二十卷,图一百三十二卷。《嘉庆会典》改《乾隆会典则例》为事例,事例的编制方式和范围一如则例。

光绪十二年(1886)以《嘉庆会典》为基础,重修会典,于光绪二十五年(1899)编成《光绪会典》一百卷,事例一千二百二十卷,图二百七十卷。《光绪会典》在清朝会典中时限最长,篇幅最大,是清会典的最后形态。

《大清会典》详细记述了清代自开国至光绪朝,各级行政机关的职掌、事例、活动原则与有关制度,典例互补,并辅以图说,涉猎极为广泛,多属"礼乐刑政大端""经久常行之制"。如同《乾隆会典》凡例所说:"以典章会要为义,所载必经久常行之制。滋编于国家大经,官司所守,朝野所遵,皆总括纲要,勒为完书。"清人评价会典说:"皆百官奉行之政令,诸司分列之职掌","盖宪章法令,国有《会典》,官有案牍,其事由上而下,故天下道同。"

清朝有关行政机关编制法,除会典外,更集中体现在各部院的则例上。清朝为使部院政务活动规范化,责成各部院纂修则例。则例是诏准的各衙门的章则事例,是各衙门的组织法和办事的依据。

(原载《人民法治》2019年第17期)

官员任免与考选:从秦到清的演进

中国古代自战国起,实行由国君任免文武官吏的制度。任官时发给印玺,免职时收回,同时建立了酬劳官吏的俸禄制度。

秦始皇吞并六国,在全国范围内建立了统一的官僚制度。凡能"辟地""胜乱""力农"者,可以仕进为官。《睡虎地云梦秦简》中《为吏之道》所载:"审民能,以任吏",表明秦代任官的标准。除皇帝掌握对官吏的任免权外,官吏之间也可以荐举,但须负连带责任,以示慎重。《史记·范雎蔡泽列传》记载:"秦之法,任人而所任不善者,各以其罪罪之。"

至汉代采取察举和征辟两途任官。察举是两汉选拔官吏的常设制度,始于高祖十一年(公元前196)求贤诏。惠帝、文帝也先后下诏求"孝悌力田""贤良方正""直言极谏"。武帝初令郡国举"孝廉"各一人。征辟始于西汉而盛行于东汉,除皇帝下诏征辟外,公卿、州郡长官也可以征辟士人为官,但如举非其人,也要负连带责任。

此外,博士弟子经过考试为官的,称为"郎选"。两千石以上的高官，任满三年还可以保举子弟一人为郎，称为"任子"，所谓"子弟以父免任为郎"。汉武帝时，为了解决战争的经费支出，实行"赀选为官"，实际就是卖官鬻爵。

汉代无论中央和地方官吏都按品级由国家统一发给俸禄，而且免除各种赋役。西汉铨选官吏很少有籍贯的限制，如朱买臣以会稽人任会稽太守。但有身份限制，商人不得为官，宗室子弟也不得担任公位高官。两汉官吏皆重久任，无限期，如于定国任廷尉十七年。

汉初，为了加强皇帝集权，虽百石小吏也由皇帝任命。其后，随着权力关系的演变，丞相也握有高官的调任权。汉代任官的方式有"假"，即代理之意；有"兼"，即兼摄；有"领"，即兼领，如领尚书事；有"行"，是以本官代行缺额官职务；有"试守"，即以一年为试用期，称职再正式任命。从任官方式中反映出，一者表示慎重，力求授官得人；再者防止官僚队伍增长过快，造成财政的危机和百姓的负担。至东汉时期，政治腐败，使一度盛行的察举制度，完全流于形式。葛洪在《抱朴子·审举》篇中说："举秀才，不知书，察孝廉，父别居，寒素清白浊如泥，高第良将怯如鸡。"

魏晋南北朝时期，士族门阀享有法定特权，由此而产生了九品中正的选官制度。其制始于魏文帝时吏部尚书陈群所立九品官人法,即在州设"贤有识鉴"的大中正,郡设中正,由他们按门第将本地人物评定为上上、上中、上下、中上、中中、中下、下上、下中、下下九品,凡出身上品,可以任高官,由此出现"上品无寒门,下品无士族"的现象。

隋朝建立以后,废除九品中正制。隋文帝建立秀才科,令诸州每年选定三人。炀帝时建立进士科,科举取士制度开始确立。

唐朝适应封建经济与官僚政治的高度发展,改进了科举选官制度,以便广泛吸纳各阶层的才学兼优者参加政权。科举考试比起保证门阀特权的九品官人法,具有民主性,是历史的进步,因而扩大了中央集权的统治基础,选拔了一批寒门出身的士人,如马周、孙伏伽、张应素等。凡是科举及第取得出身者,须经吏部再试宏词拔萃入等,方可入仕、授官。不应此试者,可由吏部按期召集,试以"身"(取其体貌丰伟)、"言"(取其言辞辩证)、"书"(取其楷法遒美)、"判"(取其文理优长),合格者注授适当的官缺。除中央掌握铨选权外,地方州县长官也有任命僚属的权力。一经地方任用,吏部即给予铨选合格的待遇。此外,五品以上的京官和诸州总管、刺史,均有荐举人才的义务,但如"贡举非其人"或"应贡举而不贡举",均要判处一至三年徒刑。

为了培养官僚的后备力量，中央和地方大兴学校。唐玄宗时期，将国家教育法制与学校体制正式编入《唐六典》中，详定各类学校的教师、学生员额，招生对象以及学习内容、教师和学生待遇等。唐代学校对于官僚预备队伍的教育、培养，起了重要的作用。对于专业性强的官职，设有特定的选官程序，譬如技术专业官职由本部门机关诠注委任，而后送吏部备案。司法官的委任，吏部须与刑部尚书共同研究决定，然后注拟。太常博士的委任，须与太常卿商拟决定。

任命官职以"告身"为法定凭据。按唐制，"告身"一般由中书省中书舍人起草，有一定的规格。但中叶以后，官爵冗滥，有权任官者手握空白"告身"，视贿赂多少而随时填写。

宋初，仿唐科举制每岁一举，从英宗起改为三年一举，自后遂成常法。为了加强中央集权，扩大统治基础，积极网罗人才，增加了科举录取的名额，而且一经录取便可为官，按名次的高下，定官品的等级。除科举外，还实行恩荫法，凡皇族宗室和高官的子弟、亲属都可按恩荫授官，数量多而滥。

明于吴元年（1367）定"文武科取士之法"。洪武十五年（1382）定制每三年开科取士，考中进士即授予官职。除科举外，荐举和充当吏员，也是任官的途径。文臣有功还可以任子，武官亦可世袭。从明代宗起，捐纳草、粟也可得官。至穆宗，又实行纳银入监,即所谓"例监",使得吏治大坏。

清朝仍以科举为选官"正途"。正科之外,有时增加特科,如"博学鸿词科""经济特科"等。有些官职如詹事府、翰林院、吏部、礼部各司郎官,必须科甲正途出身始能充任。凡由皇帝直接任命的官员称为"特简",由大臣互推称为"会推",功臣或殉难官员的子弟可以袭荫得官。贤能廉洁之士也可经荐举入仕,乾隆时曾多次下令命廷臣密举贤能。

清朝还广泛实行捐官制度。康熙十三年(1674)因平"三藩"叛乱,实行捐纳,以补军费之不足,三年内捐纳知县五百余人。为了防止冗官扰民,规定:"捐纳官到任三年,称职者具题升转,不称职者题参",但实际上无法贯彻。捐官制度虽然为清政府补充了一项临时财政收入,但却使封建官僚机构恶性膨胀,而且"官不安于末秩,士不安于读书,众志纷然,群趋于利",进一步败坏了吏治。

清朝官吏任用的方式有——署职:初任官试署二年(后改三年),称职,再实授;兼职:大学士例兼尚书,总督兼兵部尚书、右都御史;护理:低级官兼高级官;加衔:于本官外另加品级稍高的官衔;额外任用:是皇帝对个别官的优渥。

清朝不仅禁止本省人在本省为官,即使不同省但距离原籍五百里以内,也须回避。地方官员中不归吏部铨选者,由督抚选拔，报请批准。清代内外官可以相互升转，并有一定的任期。

（原载《人民法治》2019年第19期；
《北京日报》2020年1月13日第19版转载）

中国古代司法官的选任与培养

由于中国古代重视司法,进而也重视对司法官的培养与选任。既重视司法知识与能力,更重视品格与德性。秦汉时,已设有专门传授法律知识、培养司法官吏的官署,称作"律学"。西汉元光元年(公元前134)皇帝下诏,令郡察举人才设"四科",其三曰"明法律令",说明"明法律令"是重要的担任司法官的条件。

由魏晋至唐宋设律博士为讲授法律之官,以培训司法人才。据《三国志》记载,魏明帝时始设律博士,以培训地方司法官吏。晋时律博士为廷尉属官执掌司法教育。

唐宋时,律学隶属国子监,仍设律博士,凡命官、举人皆得入学。

唐朝建立科举制度以后,设明法,开科取士。永徽三年(652)高宗下诏指出,"律学未有定疏,每年所举明法,遂无凭准,宜广召解律人条义疏奏闻"。可见,定疏议的目的之一就是为明法考试提供评卷解卷的标准。

宋沿唐制，科举中仍然设明法科，而且扩大录取名额。神宗改制时，为了进一步改变"近世士大夫，多不习法"的学风，"又立新科明法，试律令、《刑统》大义、断案"。科举试法起着某种导向作用，激发了士人学习法律的积极性。如同神宗时大臣彭汝砺所说："异时士人未尝知法律也，及陛下以法令进之，而无不言法令。"苏轼在《戏子由》诗中说："读书万卷不读律，致君尧舜知无术。"这从嘉祐二年（1057）苏轼参加科举考试撰写的策论《刑赏忠厚之至论》说明他是读书读律的，此文受到主考官梅尧臣和欧阳修的赏识，拔擢为第二名。至礼部复试时，苏轼再以《春秋对义》论取为第一名。

从明朝起，废除律博士，同时科举中废明法科、刑法科，改用八股取士，致使入仕之官对法律茫然无知，而明清律又都规定"诸断罪皆须具引律例"，如有舛错则予以处罚，因此审判时不得不倚仗幕吏，遂使幕吏擅权。这是明清司法的一大弊端。

为了弥补司法官法律知识的缺乏，防止司法权下移，《大明律》"吏律·公式"中首列"讲读律令"："百司官吏务要熟读，讲明律意，剖决事务。每遇年终，在内从察院，在外从分巡御史、提刑按察史官，按治去处考校。若有不能讲解，不晓律意者，初犯罚俸钱一月，再犯笞四十附过。三犯于本衙门递降叙用。"

对于"讲读律令"之法,清代律学家吴坛在《大清律例通考》中考证说:"前明成化四年(1468)旧例内开:各处有司,每遇朔望诣学行香之时,令师生讲说律例及御制书籍,俾官吏及合属人等通晓法律伦理,违者治罪。"

清朝建立以后,仿《大明律》制定《大清律集解附例》,仍将"讲读律令"条列于"吏律·公式"之中,并加小注"盖欲人知法律而遵守也"。

雍正一朝,对"讲读律令"极为重视。据《大清会典事例》载,雍正三年(1725)议准:"嗣后年底,刑部堂官传集满汉司员,将律例内酌量摘出一条,令将此条律文背写完全,考试分别上、中、下三等,开列名次奏闻。"

乾隆初,吏部以内外官员各有本任承办事例,"律例条款繁多,难概责以通晓,奏请删除官员考校律例一条",乾隆帝"不允",谕曰:"诚以律例关系重要,非尽人所能通晓,讲读之功不可废也。"乾隆七年(1742),上谕中严肃指出:"若谓各部则例未能尽行通晓则可,若于本部本司律例茫然不知,办理事件徒委书吏之手,有是理乎!"

"讲读律令"条中所谓的"国家律令",是指"颁行天下,永为遵守"的《大明律》和《大清律例》而言。这两部法典虽以刑法为核心内容,但也是诸法合体的国家大法,涵盖十分宽广，涉及行政、民事、财经、刑法、诉讼、断狱、监狱与家庭、社会等诸多方面，故而要求"百司官吏务要熟读，讲明律意，剖决事务"。

为适应官员应付"讲读律令"的需要，清朝允许和鼓励私家注律，形成了由州县官至封疆大吏乃至刑部官员组成的律学家队伍。为便于官吏学律，编著了"便览"之类的简易读本，此外，还有便于记忆的图表、歌诀类律学著作。

明清时代对于官吏的"普法教育"和一系列规定，是很值得玩味的。其一，为官者不可不知法，故普法对象首在官不在民。其二，官员普法不限于本部门的法规，更应当熟悉国家最重要的法典。其三，官员普法的要求载于刑法典，是具有强制性的，违反者要给予制裁。其四，每年定期考试官员的法律知识形成制度而不是一时的轰轰烈烈。其五，考试结果区分优劣，按法予以奖惩。"讲读律令"起了很好的导向作用，增加了官民的法律意识。历史的经验证明，只有执法者法律素质的提高，才有助于援法断罪，改善司法状况。

（原载《人民法治》2019年第11期）

惩贪及奖廉并举的考课法
——廉政法制建设的先导

中国古代对官吏的考课是职官管理的重要内容,并且不断趋于制度化、法律化,对于黜贪奖廉、维持官僚队伍的素质起着一定的积极作用。这不仅使得官僚们感到震肃,同时,百姓也往往寄希望于大计官吏之年能够将他们痛恨的贪官污吏绳之以法。定期考课的制度与考察法律的不断细化,在今天仍有借鉴意义。

我国早在《尚书·舜典》中便提出:"三载考绩,三考黜陟幽明。"另据《周礼》,周时已有大计、大比的记载,说明了"有官必有课,有课必有赏罚"是由来已久的。至战国,官僚制度取代世卿制度,以上计作为考课官吏的措施逐渐制度化。秦时奉行"明主治吏不治民"的法家强调对官吏的考绩与奖惩。《云梦秦简·为吏之道》载有官吏行为规范的"五善"与"五失"。两汉官僚制度的发展,推动了考课的法律化。

两汉对官吏的考绩仍以上计为主,并且颁行了单行法规

《上计律》。汉代考课，一般是一年一小考，称为"常课"；三年一大考，称为"大课"。考核官吏后，赏有增秩（增加俸禄）、迁官（升官）、赐爵（以二十等爵位分别功之大小以赏之），罚有降俸、贬职、免官，违法犯罪者依法治罪。晋时，杜预奉命制作考课法，于泰始四年（268）六月以颁诏的形式宣布。南朝时，刘宋三年一考，南齐改为一年一考。与南朝相比，北魏充满改革进取精神，建立了一套严格考核官吏的制度。其中，魏孝文帝太和十八年（494）制定的《三等黜陟法》具有代表性。

唐朝是封建经济发展、典章法制趋于成熟与定型的时代，职官考课也进一步法律化、制度化。按唐制，由吏部考功司主管官吏考课事宜。但吏部考核官吏只限于四品以下官，三品以上由皇帝亲自考核。唐代考课每年一小考，四年一大考。各部门的主管长官根据国家规定的"四善""二十七最"的标准，对所属的流内官进行年终考核。唐朝考课之日极其隆重，皇帝为最高主考官，特派位高望重的宰相二人充任内外官考使，御史大夫或其他高级官员为监考使。考课之后，继之以奖惩。

宋朝是中央集权强化的时代，为发挥官吏的职能，十分重视依法课吏。宋初沿袭唐制，内外官任满一年为一考，三考为一任。为了加强中央集权，力图使地方权力分散制衡，于州上设路，为地方最高一级政权。路设经略安抚使、转运使、提点刑狱使、提举常平使，分别执掌军政、财政、司法等事，号为"监司"，互不统属，相互监督，各自对皇帝负责。监司负责考课州县，如课绩不熟者处徒刑。监司之间，也实行互监法。

明初，朱元璋重视吏治。明代考课分考满与考察。前者三年一考，九年三考，分称职、平常、不称职三等，以定黜陟；后者按八法，即贪、酷、浮躁、不及、老、病、罢、不谨，考察内外官吏。京官六年一考，为京察；外官三年一考，为外察。京官四品以上官，自陈政之得失，以候上裁；五品以下，分别优劣，或降调，或致仕，或闲住为民，具册奏请。考核由吏部负责，州县外官由布政司考核，每三年具册报吏部以定去留，谓之"大计"。地方布政司四品以上与按察司、盐运司五品以上任满黜陟均由皇帝裁决，因大计而受处分的官员永不叙用。明朝由吏部尚书、都察院都御史主持考绩，结论不当者可以辩白，任情毁誉失实者连坐。

清朝考课官吏分为京察与大计。京察是对京官的考绩，每三年举行一次，于子、卯、午、酉年进行。三品以上京官和地方总督、巡抚自陈政事得失，由皇帝敕裁；三品以下京官由吏部和都察院负责考核。京察分三等，一等为称职，二等为勤职，三等为供职，根据等级实行奖惩。大计是对外官的考绩，也是三年一次,于寅、巳、申、亥年进行。大计的范围除督抚外,包括藩、臬、道、府及州县官。大计的程序是:先期藩、臬、道、府,递察其贤否,申之督抚;督抚核其事状,注考造册,送吏部复核。大计分卓异与供职二等,按等予以奖惩。

康雍乾时期实行考课比较认真。然而,就在康雍乾盛世便存在考核不实、无罪被诬者甚多的现象。清中叶以后,考绩制度虽然继续实行,但不论京察还是大计都逐渐流于形式。

(原载《人民法治》2016年第12期)

任法与任吏相统一
——一条成熟的治国之策

任法与任吏相统一的王朝多为盛世

善法与良吏相结合,是经过历史检验的一条成熟的治国之策。任法与任吏相统一的王朝多为盛世,如汉文景之治、唐贞观之治既有良法也有执法的贤吏。对此,明末清初思想家黄宗羲、王夫之、顾炎武等多有论述。

为了克服明末法制的乱象,黄宗羲强调"有治法而后有治人"。他虽然重视治法,希望由此恢复法律秩序,但并不忽视治人(治吏)的重要性,只是在政治比重上治法优先于治人而已。所谓治法是指制定以国家政策为依据,以顺应时代发展需要为准绳,以增删旧制为依归,以选择律学家起草的律文为蓝本,经过反复斟酌而成的国家大法。在这个过程中,体现了治"法"的功能。

在治法与治吏的结合上,王夫之做出了远比黄宗羲丰富的理论阐发，他说："任法任人，皆言治也，而言治者曰：任法不如任人。虽然，任人而废法，则下以合离为毁誉，上以好恶为取舍，废职业，徇虚名，逞私意，皆其弊也。于是任法者起而摘之曰：是治道之蠹也，非法而何以齐之？故申、韩之说，与王道而争胜。"在王夫之看来，法是人君制定的，人君依靠法律饬吏治、恤民隐。所以"天下将治，先有制法之主，虽不善，贤于无法也"。"民气之不可使不静，非法而无以静之。"但是，他反对只任法不任人，指出："法者非必治，治者其人也。"所以，"治之敝也，任法而不任人"。任法而不任人"未足以治天下"，是"治之敝也"。因为"律令繁，而狱吏得以缘饰以文其滥。……律之设也多门，于彼于此而皆可坐。意为轻重，贿为出入，……辩莫能折，威莫能制也"。而且"法之立也有限，而人之犯也无方。以有限之法，尽无方之慝，是诚有所不能该矣"。因此，他也重视执法之吏。

清初思想家的治吏主张

如果说治法的终极目的在于制定一部善法，那么治吏的终极目的则在于建立起贤吏执法的官僚系统。清初思想家针对明末吏治的败坏，有针对性地提出治吏的主张。

其一，不得"舍大臣而任小臣，舍旧臣而任新进，舍敦厚宽恕之士,而任徼幸乐祸之小人",如果使之操法,势必造成"国事大乱……小人进而君子危,不可挽矣"的危局。明末的政治态势恰恰是如此,所以他发出了"任人而废法……是治道之蠹也",势将造成"下以合离为毁誉,上以好恶为取舍,废职业,徇虚名,逞私意"的种种弊病。因此,王夫之多次肯定了曹操"任法课能,矫之以趋于刑名"的为政之道。

其二,鉴于明末官场上"流品不清""铨选不审""秉宪不廉""荐剡吹嘘"种种乱象,王夫之主张严以治吏,他说:"严者,治吏之经也;宽者,养民之纬也。"如果"驭吏以宽,而民之残也乃甚"。王夫之关于"严以治吏,宽以养民"的理论是适合于任何时代的,这是他《读通鉴论》总结出来的极为有价值的历史镜鉴。为了贯彻严于治吏的主张,王夫之强调"严治上官",他说:"严下吏之贪,而不问上官,法益峻,贪益甚,政益乱,民益死,国乃以亡。"只有"严之于上官",才会"贪息于守令,下逮于薄尉胥隶,皆喙息而不敢逞。……吏安职业,民无怨尤,而天下已平矣。"贪酷之吏不除,犹如"养百万虎狼于民间",必须立法严治,否则"法不立,诛不必,而欲为吏者之毋贪,不可得也。"

顾炎武也非常重视整饬吏治,他说:"古之哲王所以正百辟者,既已制官刑儆于有位矣,而又为之立闾师,设乡校,存清议于州里，以佐刑罚之穷。"他盛赞唐朝"以礼坊民，而法行于贵戚"的做法。这同王夫之的法贵上是一致的。

其三，严惩胥吏专权。由于明代科举考试创设了"八股"的格式，只讲求文章形式上的逐段对偶、堆砌雕琢，完全脱离了社会生活的现实，比起唐宋以诗文取士，更加禁锢士人的思想。这是强化专制主义在文化思想领域的反映。顾炎武曾经痛切地指出："愚以为八股之害，等于焚书，而败坏人材，有甚于咸阳之郊所坑者但四百六十余人也。"以八股作为敲门砖的官员对司法茫然无知，不得不依靠胥吏，使得胥吏得以操纵司法，玩法行私，以致胥吏擅权是明朝司法丛弊之薮。所以黄宗羲将治吏的锋芒指向了胥吏，他说胥吏"创为文网以济其私。凡今所设施之科条，皆出于吏，是以天下有吏之法，无朝廷之法……京师权要之吏，顶首皆数千金，父传之子，兄传之弟……今天下无封建之国，有封建之吏"。

其四，明朝覆亡以后，一些官僚士大夫，如钱谦益、侯朝宗之流纷纷降清以求仕进，对此，王夫之主张除依法整饬吏治外，还从正面强调官吏需要重视"名教""名节"；顾炎武则阐述了士人要有知耻之心，他说："士人有廉耻，则天下有风俗。"又说："耻之于人大矣！……士而不先言耻，则为无本之人。"为正人心风俗，顾炎武认为教化为先。他说："教化者，朝廷之先务；廉耻者，士人之美节；风俗者，天下之大事。朝廷有教化，则士人有廉耻；士人有廉耻，则天下有风俗。"

清初思想家任法与任吏相统一的观点，具体表现为："择人而授以法，使之遵焉"，"进长者以司刑狱，而使守画一之法"。他们剔除了某些思想家各执一端的偏见，也是就明末法制废弛、官吏贪暴的恶劣现实而发的，是抨击，也是矫弊；是对以往的总结，也是对未来的期望。

链接：唐宋对善法良吏的认识与重视

汉唐以来，严于执法之吏，不仅纠正了君主以臆违法的缺失，而且极大地增强了法律的权威，造就了难得的法制秩序，出现了文景之治、贞观之治的盛世。例如，汉文帝时，廷尉张释之依法判处一名"犯跸"者罚金四两，文帝意欲重判，张释之义正词严的谏诤，使文帝折服，肯定了其所断之刑，并赞许说："廷尉当是也。"又如，贞观年间，唐太宗曾下令，凡诈冒资荫者，处死刑。不久，温州司户参军柳雄诈冒资荫事发，大理寺少卿戴胄却对其判处流刑。结果，太宗非但没有责怪戴胄，反而褒奖他说："朕法有所失，卿能正之，朕复何忧也？"在唐太宗的影响下，贞观一朝形成了以求实务实相标榜的政治风气。

北宋时期，著名思想家王安石一方面重视制定善法，他说：

"立善法于天下，则天下治；立善法于一国，则一国治"；另一方面，为了发挥善法的治世之功，他在变法改革的实践中十分强调良吏执法的重要性。他以五代时期晋、梁、唐三帝不重法制、不任贤才，以致"灾稔祸变"为例，建议皇帝"以至诚询考而众建贤才，以至诚讲求而大明法度"。又如，他在《翰林学士除三司使》等文中明确提出"守天下之法者莫如吏"，"吏不良，则有法而莫守"等著名观点。这些论述，并非空穴来风，未尝不是他在变法改革中的切身感受。南宋时期，朱熹立足于地方官的施政经验，在《论治道》中阐述了他对任法与任人关系的认识。他说："大抵立法必有弊，未有无弊之法，其要只在得人。若是个人，则法虽不善，亦占分数多了；若非其人，则有善法，亦何益于事！"他认为立法必有弊，要在得人，可以弥补法之弊。

（原载《人民法治》2018年第21期；
《北京日报》2019年1月14日第15版转载）

"有官必有课,有课必有赏罚"

宋朝苏洵说过:"有官必有课,有课必有赏罚。有官而无课,是无官也;有课而无赏罚,是无课也。"这是他总结中国古代察官治官之法得出的结论。

唐朝是中国古代典章法制趋于成熟与定型的朝代。考课之法见于《唐六典》。按唐制,每年一小考,四年一大考。四品以下官由吏部考核,三品以上官由皇帝亲自考核。唐朝考课以标准细化为显著特点,所谓"四善二十七最法"。"四善":一曰德义有闻,二曰清慎明著,三曰公平可称,四曰恪勤非懈。"二十七最"是根据各部门职掌之不同,分别提出的不同要求。如铨衡人物,擢尽才良,为选司之最;扬清激浊,褒贬必当,为考校之最;礼制仪式,动合经典,为礼官之最;等等。

经过考核,定出上、中、下三等九级。"一最四善为上上,一最三善为上中,一最二善为上下;无最而有二善为中上,无最而有一善为中中,职事粗理,善最不闻者为中下;爱憎任情,处断乖理者为下上,背公向私,职务废缺者为下中,居官饰诈,贪浊有状者为下下。"对于流外官，则按四等第考课："清谨勤公，勘当明审为上；居官不怠，执事无私为中；不勤其职，数有愆犯为下；背公向私，贪浊有状为下下。"

宋初，沿袭唐制内外官任满一年，为一考，三考为一任。由于宋朝厉行中央集权，特定的政治环境使得宋朝也很注重依法考课，以充分发挥官吏的治国作用。

太宗时州县官考课法："郡县有治行尤异、吏民畏服、居官廉恪、莅事明敏、斗讼衰息、仓廪盈羡、寇贼剪灭、部内清肃者，本道转运司各以名闻，当驿置赴阙，亲问其状加旌赏焉。其贪冒无状、淹延斗讼、逾越宪度、盗贼竞起、部内不治者，亦条其状以闻，当行贬斥。"真宗时又定"州县三课"法："公勤廉干惠及民者为上，于事而无廉誉、清白而无治声者为次，畏懦贪猥为下。"神宗熙宁元年（1068）颁行《守令四善四最》考课法。

宋朝虽然考课有法，但在实践中赏多罚少。官员一入仕途，不问治绩劳逸，只要无大过错，照例文官三年一升，武官五年一迁，所谓"知县两任，例升通判；通判两任，例升知州"，"贤愚同等，清浊一致"。因此，暮气沉沉，笼罩官场。不仅如此，由于考课不力使得冗官充斥朝廷上下，成为百姓沉重的负担。

明朝考课分"考满"与"考察"。前者三年一考,九年三考,分为称职、平常、不称职三等,以定黜陟。后者按八法(贪、酷、浮躁、不及、老、病、罢、不谨)考察内外官吏。京官六年一考为"京察",外官三年一考为"外察"。京官四品以上官自陈政之得失,以候上裁。五品以下分别优劣,或降调,或致仕,或闲住为民,具册奏请。

由于明太祖朱元璋深知元末官吏贪婪掠夺,激起民变,因此重视吏治。洪武十一年(1378),命吏部课朝觐官,"称职而无过者为上……有过而称职者为中……有过而不称职者为下"。洪武十八年(1385),吏部奏称天下布、按、府、州、县朝觐官四千一百一十七人,其中称职者十之一,平常者十之七,不称职者十之一,贪污阘弱者十之一。称职者升官,平常者复职,不称职者降调,贪污者付有司治罪,阘茸者免为民。

对于地方官的考课,称为"大计"。因"大计"而受处分的官员,永不叙用。结论不当者,可以辩白;任情毁誉失实者,连坐。史称"明兴考课之制,远法唐虞,近酌列代,最为有法"。

清朝考课官吏分为"京察"与"大计"。"京察"是对京官的考绩,每三年举行一次,于子、卯、午、酉年进行。三品以上京官和地方总督、巡抚自陈政事得失,由皇帝敕裁。三品以下京官由吏部和都察院负责考核。"京察"分三等,一等为称职,二等为勤职,三等为供职,根据等级实行奖惩。

"大计"是对外官的考绩,也是三年一次,于寅、巳、申、亥年进行。"大计"的范围除督抚外,包括藩、臬、道、府及州县官。"大计"的程序是先期藩、臬、道、府,递察其贤否,申之督抚,督抚核其事状,注考造册,送吏部复核。"大计"分"卓异"与"供职"二等,按等予以奖惩。

清朝经历了康雍乾三朝百余年的盛世,其成因是多种多样的,但认真推行考课制度起了积极的作用。康雍乾时期实行考课比较认真。康熙朝自二十二年(1683)至六十一年(1722),共举行"大计"十四次,共举卓异官五百八十名,纠参、罢斥、降调官员五千一百三十七名。乾隆朝六十年(1795),"大计""京察"共进行三十三次,举卓异官八百七十六人。乾隆帝还特别提出,不能让"年力就衰之人,听其滥竽贻误"。清中叶以后,政治腐败,国事衰微,无论"京察"还是"大计",都逐渐流于形式。

综上所述,中国古代的职官考课,从战国起迄至清朝,虽代有兴革,但一直沿行不衰,是一种常态化的职官管理制度,从而雄辩地说明考课对于整肃官僚队伍、发挥官吏治国理政的职能起着不可忽视的作用。

(原载《北京日报》2017年3月13日第15版)

讲读律令：明朝官吏普及法律的硬任务

明太祖朱元璋虽出身于平民，却十分注意总结国家统治的历史经验，尤其是他亲历了元末政治腐败，法纪荡然，招致农民大起义的剧变，清醒地认识到整饬法制的重要性。他说："元氏昏乱，纪纲不立，主荒臣专，威福下移，由是法度不行，人心涣散，遂至天下骚乱"，"卒至于亡"。由此，他强调："夫法度者，朝廷所以治天下也。"

"法贵简当，使人易晓"

为了避免元末"条格烦冗，吏得夤缘出入为奸，所以其害不胜"的弊病，还在吴元年（1367）十月，李善长等议拟律令时，朱元璋便指出，法贵简当，应以易为人知为要。他说："法贵简当，使人易晓，若条绪繁多，或一事两端，可轻可重，吏得因缘为奸，非法意也。夫网密则水无大鱼，法密则国无全民，卿等悉心参究，日具刑名条目以上，吾亲酌议焉。"吴元年十二月，《大明令》完成时，朱元璋唯恐"小民不能周知，命大理卿周桢取所定律令，自礼乐、制度、钱粮、选法之外，凡民间所行事宜，类聚成编，训释其义，颁之郡县，名曰《律令直解》。太祖览其书而喜曰：'吾民可以寡过矣。'"这是明初法律宣传的一种形式。洪武元年（1368）公布《大明令》时，他再次指出："……古者律令至简，后世渐以繁多，甚至有不能通其义者，何以使人知法意而不犯哉？民既难知，是启吏之奸而陷民于法，朕甚闵之。今所定律令，芟繁就简，使之归一，直言其事，庶几人人易知而难犯。"

以上可见，明太祖朱元璋的出身经历决定了他务求立法简约，以使百姓易知。

为了防止条绪繁多，一事两端，于可轻可重之间便于奸吏行私，凡"比例之繁，奸吏可资为出入者，咸痛革之"。吴元年十二月制定的《大明律令》，"凡为令一百四十五条，律二百八十五条"，较之唐宋律确为简当易知。统一的明朝建立以后，几次修订《大明律》，也都注意贯彻简当的思想，如同《明史·刑法志》所说："大抵明律视唐简覈。"

"明刑弼教，以礼导民"

朱元璋除提出"法贵简当"外，还重视"明刑弼教，以礼导民"。明刑弼教是中国由来已久的传统法律思想，也是朱元璋以法治国的理论基础,在他手订的《大诰》中反复强调明刑弼教的重要性。明刑弼教重在明刑,以刑辅教。为了明刑,朱元璋十分重视立法,尤其重视吏民知法,通过法律宣传,整饬纲纪,预防犯罪。《明通纪》有以下记载:"吴元年十一月命中书省详定律令。先是上以唐宋以来,皆有成律断狱,惟元不仿古制取一时所行之事为条格,胥吏易为奸弊。自平武昌以来,即议定律,至是台谏已立,各道按察司将巡历郡县,欲颁成法,俾内外遵守。"

至洪武五年(1372)二月,鉴于"田野之民,不知禁令,往往误犯刑宪",特"命有司于内外府州县及乡之里社皆立申明亭,凡境内之人民有犯者,书其过,名榜于亭上,使人有所惩戒"。洪武十五年(1382)八月,就申明亭在实行中的弊病,再谕礼部:"天下郡邑申明亭,书记犯罪者姓名,昭示乡里,以劝善惩恶。今有司概以杂犯小罪书之,使善良一时误为终身之累,虽欲改过自新,其路无由,尔等详议之。于是礼部议:自今犯十恶、奸盗、诈伪、干犯名义、有伤风俗及犯贼至徒者书于亭,其余杂犯公私过误,非干风化者,悉皆除之,以开良民自新之路……制曰可。"申明亭制度是朱元璋首创的向百姓宣传法律,使之明礼仪、知廉耻、远罪过、惧刑罚的一种制度,也是明刑弼教的重要举措。《大明律·刑律·杂犯》规定:"凡拆毁申明亭房屋及毁板榜者，杖一百，流三千里。"除申明亭外，还有旌善亭、乡饮酒礼、祭厉、祭社稷等礼制，也都是服务于明刑弼教、宣传法律的目的。

除此之外，朱元璋向官民全面进行法律宣教的最重要的措施，是宣讲洪武十八年（1385）至二十年（1387）手订的《大诰》四篇。其内容主要是以律外峻令、酷刑处罚官民过犯的案例，以及趋吉避凶之道的训诫。为了广泛宣传《大诰》的内容，以威慑官民，朱元璋要求"户户有此一本""臣民熟观为戒"。洪武三十一年（1398），还将《大诰》三编颁之学宫，作为国子监学和科举考试的内容。而在乡里则由塾师教授《大诰》。每于乡村节日民众集会之处，有专人讲说《大诰》。"天下讲读大诰师生来朝者十九万三千四百余人，并赐钞遣还。"洪武三十年（1397），《大明律诰》成，朱元璋亲御午门，面谕群臣，昭示制作律诰的目的："法在有司，民不周知，故命刑官取大诰条目，撮其要略，附载于律……刊布中外，令天下知所遵守。"

"俾官吏及合属人等通晓法律伦理"

特别需要指出的是，明朝废除了传统科举制度中的明法科，改以八股文取士，因此入仕之官对于法律茫然无知，而作为基层的州县官每日都面对各种刑民诉讼，因而不得不依赖幕友协助断案，由此造成幕吏擅权的弊端。为了避免此种弊病，在《大明律》中专设"讲读律令"条作为补救措施。《大明律》"讲读律令"条规定："凡国家律令，参酌事情轻重，定立罪名，颁行天下，永为遵守。百司官吏务要熟读，讲明律意，剖决事务。每遇年终，在内从察院，在外从分巡御史、提刑按察史官，按治去处考校。若有不能讲解，不晓律意者，初犯罚俸钱一月，再犯笞四十附过，三犯于本衙门递降叙用。其百工技艺，诸色人等，有能熟读讲解，通晓律意者，若犯过失及因人连累致罪，不问轻重，并免一次。其事干谋反、谋逆者，不用此律。若官吏人等，挟诈欺公、妄生异议，擅为更改，变乱成法者，斩。"沈家本认为："此条唐律无文，盖自元废律博士之官，而讲读律令者，世道无其人，明虽设有此律，亦具文耳。"但清人吴坛在《大清律例通考》中对此律条有如下考证：前明成化四年旧例内开，"各处有司，每遇朔望诣学行香之时，令师生讲说，俾官吏及合属人等通晓法律伦理，违者治罪"。说明讲读律令条在现实生活中仍有一定的影响，并非完全具文。

（原载《北京日报》2020年3月2日第15版）

秦汉时期的法律宣传

中国古代法律的作用在于禁暴惩奸，惩贪触邪。为了发挥法律的作用，要让百姓知法、守法，历代都非常重视法律宣传。这里以秦汉为例概述之。

秦统一后刻石记法使民知法

秦始皇在统一六国以后，继续奉行以法治国的方略，借以建立和巩固专制主义中央集权的统一国家。秦始皇面对"天下统一，海内为郡县"的新局面，为了保证法律的统一适用，废除了六国各自的法律，使"法令归于一"。秦始皇不仅在原有秦律的基础上进行了"明法度，定律令"的大量工作，为了使民知法，而且还在巡视天下时刻石记法。如二十八年（公元前219）泰山刻石记法，广泛宣传法律："皇帝临位，作制明法，臣下修饬。……治道运行，诸产得宜，皆有法式。"同年琅琊刻石："端平法度，万物之纪……除疑定法，咸知所辟。……欣奉教，尽知法式。"二十九年（公元前218）芝罘刻石："大圣作治,建定法度,显著纲纪……普施明法,经纬天下,永为仪则。"三十七年(公元前210)会稽刻石:"秦圣临国,始定刑名,显陈旧章,初平法式,审别职任,以立恒常。"上述刻石表明了秦始皇的立法指导思想,它阐明了作制明法的目的,是使臣下修饬,各知所行,同时也使天下臣民咸知所辟,尽知法式。而更重要的是普施明法,经纬天下,亦即以法治国。根据《云梦秦简》中的法律规定,结合秦统一后的立法建制,雄辩地说明了秦从社会到国家、从经济到政治、从生产到生活、从家庭到个人莫不"皆有法式"。通过秦始皇刻石的方式制定有关的法律,不仅使之具有极大的权威,而且也是宣传法律的一种新的创造。

两汉法律宣传的多样化

第一,汉初约法三章的法律宣传形式。由于秦末酷刑虐民成为农民起义的重要诱因,因此,汉初以蠲除苛法严刑作为休养生息政策的重要内容。早在汉高祖初入咸阳时,为了扩大政治影响,笼络人心,以利于夺取政权,便在灞上当众公开宣布:"与父老约法三章耳:杀人者死,伤人及盗抵罪。余悉除去秦法。"约法三章的基本精神是删繁就简、去苛从宽,保护人身安全和私有财产权,这在当时的历史背景下无疑是顺应人心的,使得苦秦法久矣的"兆民大说",这对汉高祖战胜项羽、统一全国产生了极有利的影响。

第二，西汉时期外儒内法通过礼的广泛性、规范性宣传法律。汉承秦制，在新的历史条件下形成了巩固的政治、经济、文化大一统的封建国家。随着国家的稳定、疆域的扩大，特别是社会发展的需要，统治者的治国方略，由初期的以黄老之学为指导思想逐渐转向为大一统辩护的儒学。从武帝时起"罢黜百家，独尊儒术"，从此，儒家以三纲——君为臣纲、父为子纲、夫为妻纲为核心的伦理纲常之说不仅成为正统的意识形态，而且进入法律领域，形成了外儒内法的治国方略。外儒就是以儒家的纲常之说作为外饰，借以赢得人心，减少推行法律的阻力。汉儒董仲舒说："以德为国者，甘于饴蜜，固于胶漆，是以圣贤勉而崇本，而不敢失也。"这使得德主刑辅成为汉朝治国理政的基本方针。汉儒董仲舒还提倡以《春秋》经义决狱，得到了汉武帝的首肯，从而将儒家学说引向了司法领域。由于纲常伦理之说更适合中华民族的道德水准和心理状态，因此，通过礼的形式宣传法律，更容易为百姓所接受。

第三，东汉盛行私家注律，广泛宣传法律知识。东汉时期，为了解释法律渊源之间的关系，减少彼此间的矛盾，力求做到法律的统一适用，于是以儒家为代表的私家注律开始兴起。由于汉儒提倡引经注律，因此通经的大儒往往又是明律的大家。

东汉的统治者鼓励私家注律,并将明经、通律视为晋身之阶,所以一时间儒生官吏习律成风,推动了中国古代律学走向兴盛。

著名的律学家如颍川郭氏三代、沛国陈氏三代、河南吴氏三代都是祖孙相承,明习律法,位列高官,治绩显著。据《后汉书·郭躬传》载:"郭氏自弘后,数世皆传法律,子孙至公者一人,廷尉七人,侯者三人,刺史、二千石、侍中、中郎将者二十余人,侍御史、正、监、平者甚众","法家之能庆延于世盖由此也。"尤其是经学大师马融和郑玄,也都为法律注解立说。郑玄所撰《汉律章句》称得上汉代一部完备的律学著作,同他所注释的其他经传同样斐然于世。《晋书·刑法志》说:"叔孙宣、郭令卿、马融、郑玄诸儒章句,十有余家,家数十万言。凡断罪所当由用者,合二万六千二百七十二条,七百七十三万二千二百余言。"《唐六典》卷六中也说:"至后汉马融、郑玄诸儒十有余家,律令章句,数十万言,定断罪所用者合二万六千余条。"由此可见,东汉律学发展的盛况,通过这样的聚徒传授、子孙相袭的注律活动广泛地将法律知识散布于社会,使更多的百姓了解法律知识。

总之,私家注律不仅丰富了古代的刑法学和诉讼法学,无论是概念的抽象还是律文的注释,都显示了律学家的法学造诣和经验的总结。并且私家注律的兴起有助于解决司法中的困惑,为儒家思想渗透到现行法律开辟了一条蹊径；另一方面，通过私家注律的群体性、广泛性，宣传了国家的法律知识，使广大百姓受到了教育，他们也于潜移默化之中提高了法律意识，尤其是东汉私家注律使律学附庸于经学，也就是礼法结合，这为百姓了解法律提供了条件。由于经即礼，而礼的规范不仅流行于上层，也广布于社会底层，通过礼法、礼俗、礼仪宣传法律，是东汉法学家的一个选择。

链接：春秋决狱的案例

春秋决狱又称"经义决狱"，是西汉中期儒家代表人物董仲舒提出来的，是一种审判案件的推理判断方式，主要用孔子的思想来对犯罪事实进行分析、定罪。即除了用法律外，可以用《诗》《书》《礼》《易》《乐》《春秋》六经中的思想来作为判决案件的依据。"春秋决狱"的核心是"论心定罪"，也就是按当事人的主观动机、意图、愿望来确定其是否有罪及量刑的轻重。

案例一：时有疑狱曰：甲无子，拾道旁弃儿乙养之，以为子。及乙长，有罪杀人，以状语甲，甲藏匿乙，甲当何论？仲舒断曰：甲无子，振活养乙，虽非所生，谁与易之。《诗》云：螟蛉有子，蜾蠃负之。《春秋》之义，父为子隐，甲宜匿乙而不当坐。

译：甲没有儿子，捡了个弃婴，作为养子乙。乙长大后杀了人，甲把乙藏起来。如果按照当时法律，藏匿犯人要受重刑。但《春秋》上提倡父子一方犯罪后可以互相隐藏。董仲舒认为他们是父子关系，所以甲不能判罪。后来，唐律明确规定了父子相互隐匿不属犯罪。

案例二：甲夫乙将船，会海风盛，船没溺流死亡，不得葬。四月，甲母丙即嫁甲，欲皆何论。或曰，甲夫死未葬，法无许嫁，以私为人妻，当弃市。议曰：臣愚以为《春秋》之义，言夫人归于齐，言夫死无男，有更嫁之道也。妇人无专制擅恣之行，听从为顺，嫁之者归也，甲又尊者所嫁，无淫行之心，非私为人妻也。明于决事，皆无罪名，不当坐。夫死未葬，无许嫁。嫁者，以私为人妻论，弃市。

译：有个女子的丈夫坐船时不幸淹死海中，无法找到尸体安葬。四个月后，父母将这个女子改嫁。按照法律，丈夫没有埋葬前，女子不能改嫁否则处死。董仲舒认为女子改嫁不是淫荡，也不是为了私利，所以应免罪。

（原载《人民法治》2018年第11期）

古代官吏的"普法教育"

中国古代重视司法,进而也重视对司法官的培养与选任。既重视司法知识与能力,更重视品格与德性。秦汉时,已设有专门传授法律知识、培养司法官吏的官署,称作"律学"。西汉元光元年(公元前134)皇帝下诏,令郡察举人才设"四科",其三曰"明法律令",说明"明法律令"是重要的担任司法官的条件。

由魏晋至唐宋设律博士为讲授法律之官,以培训司法人才。据《三国志》记载,魏明帝时始设律博士,以培训地方司法官吏。晋时律博士为廷尉属官执掌司法教育。

唐宋时,律学隶属国子监,仍设律博士,凡命官、举人皆得入学。

唐朝建立科举制度以后,设明法,开科取士。永徽三年(652)高宗下诏指出,"律学未有定疏,每年所举明法,遂无凭准,宜广召解律人条义疏奏闻"。可见,定疏议的目的之一就是为明法考试提供评卷解卷的标准。

宋沿唐制，科举中仍然设明法科，而且扩大录取名额。神宗改制时，为了进一步改变"近世士大夫，多不习法"的学风，"又立新科明法，试律令、《刑统》大义、断案"。科举试法起着某种导向作用，激发了士人学习法律的积极性。如同神宗时大臣彭汝砺所说："异时士人未尝知法律也，及陛下以法令进之，而无不言法令。"苏轼在《戏子由》诗中说："读书万卷不读律，致君尧舜知无术。"这从嘉祐二年（1057）苏轼参加科举考试撰写的策论《刑赏忠厚之至论》说明他是读书读律的，此文受到主考官梅尧臣和欧阳修的赏识，拔擢为第二名。至礼部复试时，苏轼再以《春秋对义》论取为第一名。

从明朝起，废除律博士，同时科举中废明法科、刑法科，改用八股取士，致使入仕之官对法律茫然无知，而明清律又都规定"诸断罪皆须具引律例"，如有舛错则予以处罚，因此审判时不得不倚仗幕吏，遂使幕吏擅权。这是明清司法的一大弊端。

为了弥补司法官法律知识的缺乏，防止司法权下移，《大明律》"吏律·公式"中首列"讲读律令"："百司官吏务要熟读，讲明律意，剖决事务。每遇年终，在内从察院，在外从分巡御史、提刑按察史官，按治去处考校。若有不能讲解，不晓律意者，初犯罚俸钱一月，再犯笞四十附过。三犯于本衙门递降叙用。"

对于"讲读律令"之法，清代律学家吴坛在《大清律例通考》中考证说："前明成化四年（1468）旧例内开：各处有司，每遇朔望诣学行香之时，令师生讲说律例及御制书籍，俾官吏及合属人等通晓法律伦理，违者治罪。"

清朝建立以后，仿《大明律》制定《大清律集解附例》，仍将"讲读律令"条列于"吏律·公式"之中，并加小注"盖欲人知法律而遵守也"。

雍正一朝，对"讲读律令"极为重视。据《大清会典事例》载，雍正三年（1725）议准："嗣后年底，刑部堂官传集满汉司员，将律例内酌量摘出一条，令将此条律文背写完全，考试分别上、中、下三等，开列名次奏闻。"

乾隆初，吏部以内外官员各有本任承办事例，"律例条款繁多，难概责以通晓，奏请删除官员考校律例一条"，乾隆帝"不允"，谕曰："诚以律例关系重要，非尽人所能通晓，讲读之功不可废也。"乾隆七年（1742），上谕中严肃指出："若谓各部则例未能尽行通晓则可，若于本部本司律例茫然不知，办理事件徒委书吏之手，有是理乎！"

"讲读律令"条中所谓的"国家律令"，是指"颁行天下，永为遵守"的《大明律》和《大清律例》而言。这两部法典虽以刑法为核心内容，但也是诸法合体的国家大法，涵盖十分宽广，涉及行政、民事、财经、刑法、诉讼、断狱、监狱与家庭、社会等诸多方面，故而要求"百司官吏务要熟读，讲明律意，剖决事务"。

为适应官员应付"讲读律令"的需要，清朝允许和鼓励私家注律，形成了由州县官至封疆大吏乃至刑部官员组成的律学家队伍。为便于官吏学律，编著了"便览"之类的简易读本，此外，还有便于记忆的图表、歌诀类律学著作。

明清时代对于官吏的"普法教育"和一系列规定，是很值得玩味的。其一，为官者不可不知法，故普法对象首在官不在民。其二，官员普法不限于本部门的法规，更应当熟悉国家最重要的法典。其三，官员普法的要求载于刑法典，是具有强制性的，违反者要给予制裁。其四，每年定期考试官员的法律知识形成制度而不是一时的轰轰烈烈。其五，考试结果区分优劣，按法予以奖惩。"讲读律令"起了很好的导向作用，增加了官民的法律意识。历史的经验证明，只有执法者法律素质的提高，才有助于援法断罪，改善司法状况。

（原载《北京日报》2019年10月14日第15版）

辑 三

中国古代的监察与廉政

- 察吏是治国之本
  ——中国古代监察制度的历史镜鉴
- 治官需先察官
- "政之理乱"系于监察
- 中国古代监察制度及借鉴意义
- 中国监察体制改革的历史文化渊源
- 我国汉唐时期的监察法制
- 唐代:中国古代监察制度的定型阶段
- 我国汉唐宋的行政监察制度
- 我国明朝的行政监察制度
- 清朝的行政监察制度
- 廉政法制:中华法制文明的亮色
- 惩贪立法
  ——廉政法制建设的基石
- 廉政舆论
  ——廉政法制建设的先导

察吏是治国之本

——中国古代监察制度的历史镜鉴

党的十九大报告把"坚持全面依法治国"作为新时代坚持和发展中国特色社会主义基本方略之一,并对深化依法治国实践进行了全面部署。而要完成这一伟大任务,除了贯彻落实各项法律制度建设,还有一点至为关键,就是要走中国特色的法治之路。在这一点上,习近平总书记在关于《中共中央关于全面推进依法治国若干重大问题的决定》的说明中,明确指出:"要立足我国国情,从实际出发,坚持走中国特色社会主义法治道路,既与时俱进,体现时代精神,又不照搬别国模式。"这就要求我们不能忽视具有五千年发展历程而又从未中断的中华法文化历史。任何一个民族对自己的历史理解得越深刻,对法律文化传统挖掘得越充分,就越会彰显法治模式的本国特色。中国古代的监察制度就是一个具有一定现实意义的课题,需要深入挖掘,以为镜鉴。

以治吏为本的监察体制的开始建立

早在战国时期,作为显学的法家便强调"明主治吏不治民",形成了一整套以法治吏的主张。早期法家管仲认为"治国有三本",其核心在于吏治,主张设立专司,以法纠察官吏的不法行为,保证官僚机构的正常运行,稳固君主的权威地位,为建立独立和有效的监察机构提供理论上的依据。这一时期,御史一职已经出现,职责包括:随侍君主左右,负责记言记事、掌管法令图籍;负责监督将士作战是否奋勇,并以之作为奖惩的依据。御史的监察对象不限于中央官员,魏、韩、秦等国相继在郡县地方机构设置御史,以加强对地方官吏的监察。战国时期各国相继制定和颁布了成文法。在法制大潮涌动的背景下,监察法也已出现。《睡虎地秦墓竹简》中《语书》记录了监察活动的启动程序。但总的说来,战国时期的监察立法还处于发轫阶段。

至汉代,监察思想的要点是:官吏是治国之要,察吏是治国之本。例如,公孙弘认为,"吏正"可使民诚笃,"吏邪"则使民刻薄;用奸吏"行弊政""治薄民",国家危矣。王符不仅论证了官吏对于国家施政的重要性,更强调以法治吏的价值。汉代思想家们关于吏治与治吏重要性的阐发,对于推动监察制度的发展起到重要的作用，形成了多元化的监察体制，既有以御史大夫和御史中丞为正副长官的御史府监察系统，又有丞相司直接负责的行政监察系统，还有以司隶校尉为首的京师和近畿的监察系统。各个系统之间互不统属，各有一定的独立性，既分体运行，又互相制衡，以维护专制主义的国家统治。为加强中央集权、削弱地方割据势力，汉武帝即位以后，接受了董仲舒的"尊君抑臣"、寻求大一统的建议，大力推行"强干弱枝"的政策，划天下为十三部监察区，设刺史为监察官，并且制定了《六条问事》，作为刺史监察州长官与地方豪强势力不法行为的法律依据。《六条问事》是适用于全国的地方性监察法规。

唐宋时期中央和地方监察体制的形成以及监察法的不断完善

唐朝的监察制度，经过众多思想家的引导，并在总结汉以来监察制度的经验基础上，建立了比较成熟和定型的"一台三院"的监察体制。在地方监察体制上，唐初分全国为十道监察区，由监察御史十人分巡州县。开元二十一年（733）改全国为十五道，监察御史亦增至十五人。御史不仅是察吏之官，也是"掌律令"之官，无论治吏与明法都与御史密切相关。唐朝的监察法以《监察六法》为代表,是"道察"体制的产物。首先,"察官人善恶",使监察的覆盖面扩展到所有的官僚;其次,将户口、赋役、农桑、库存等经济指标列为监察的内容,显示对经济监察的重视;最后,司法监察已成为监察的重点,皇帝派出巡按地方的监察御史多奉命察大案、要案、冤案。除《监察六法》外,皇帝对御史每次巡行的监察重点都做出明确的指示。

宋朝君臣都非常重视发挥监察官在维护国家纲纪方面的重要作用。其中,利用监察官加强对宰相的监督,成为宋朝监察的一个要点。在制衡相权的监察思想和政策导向下,确实在一定程度上抑制了权臣的出现,有利于国家政治的稳定。在中央监察体制上宋承唐制,仍为"一台三院制",但地方监察体制则有较大的变化。宣和四年(1122)分全国为二十六路。路是地方最高行政区划。各路先后设置转运司、提点刑狱司、提举常平司等中央派出机构,分别负责某一方面的政务,并具有监察地方官的职责,统称为"监司"。各司互不统领,各自为政,直接对朝廷负责。宋朝的监察立法以皇帝颁发的诏、敕、令为主要的法律形式,具有以下特点:详定监司与按察官的职权与违法处置办法;赋予监司巡历所至"点检"属下公文运行情况有无差失之权;重视司法监察;维护重农国策;推行互察法;等等。此外规定，监司出巡前，不得"移文"州、县，以防止地方官吏"必预为备"。

明清时期监察体制的重大变革和完善

明统治者以"重耳目之寄，严纪纲之任"来要求监察官。明朝的监察制度为贯彻加强专制主义而发生了重大改革，创立了影响中国四百余年的新的监察体制。明初，监察体制沿循宋元旧制，中央置御史台，与中书省（行政）、都督府（军事）地位并重。洪武六年（1373），设置六科给事中，以加强对六部的监察。洪武九年（1376），为适应中央集权的需要，淘汰殿中侍御史，其纠仪的职能统统归至察院，监察御史"朝会纠仪，祭祀监礼"，御史台的三院制已出现合一的迹象。洪武十三年（1380），设都察院取代御史台，将台察合并为一个机关。由御史台的三院制发展至都察院的一院制，使监察权力一体化，是明朝监察体制的重大改革。通过改革，以都御史为长官，以监察御史分掌十三道。此外，明朝地方监察体制中的御史巡按制度是汉唐以来御史出巡的重大发展。巡按御史的职权范围主要是考察官吏，奏劾官邪，严正司法，剪除豪蠹，肃振纲纪；巡视仓库，查算钱粮；考察隐逸，举荐人才等。明朝的监察法由简单、单行法规趋向系统化，无论是中央还是地方监察法都非常细致严密，而且有了类似总则与分则的划分，表现出立法技术的进步。

清朝建立以后，统治者深知"国家之败，由官邪也"的历史教训，一直把惩治贪官、澄清史治作为国家纲纪的重要支撑点。清世祖提出"国家纪纲，首重廉吏"的监察思想，同时强调监察官风闻言事之时当有实据，不得"摭拾风影，挟仇妄讦"。上述监察思想指导了清朝监察法制的发展与完善。

完备的监察体制和监察法的现实借鉴意义

古代完备的监察体制和监察法，有以下几点具有现实的借鉴价值。

其一，监察思想引导监察制度的构建和监察法的制定。三者相互联系，相向而行，互补互用。没有思想为指导的制度与法律是僵死的，没有制度与法律为载体的思想是空虚的，三者结合就是历史的经验。

其二，监察机关的地位不断提高，监察权覆盖国家活动的方方面面。中国古代的监察机关经过漫长的发展过程，逐渐由品格不高，甚至没有独立衙门的一般监察机关，跃升为与最高行政机关、最高军事机关并列，成为直属于皇帝的极具权威性的机关。与此同时，监察机关的职掌范围不断地扩大，权威性不断地提高,以至无所不监、无弊不察,对于发挥官僚机构的职能、提高官吏的素质与吏治、贯彻既定的方针政策与法令,起着一定的积极作用,因而才有唐睿宗关于政之理乱系之于监察职能发挥的议论。

其三,建立遍于全国的监察网络,以沟通中央与地方的关系、统一适用法令。历代除设置监郡、监州的固定御史外,更重要的是通过御史巡按制度,明确了出巡任务、御史职责、巡察方式、考核标准等,使中央与地方的政令沟通,法律统一适用,及时纠正地方管理的缺失和弊政。御史巡按地方的制度,不仅起到了最高统治者"耳目之司"的作用,而且改变了坐镇受理吏民检举与诉讼的单一被动的监察方式,将监察的职掌切实落到了实处,在一定程度上减少了虚监、失监的官僚主义现象,大大提高了监察效果,从而有助于国家集中统一行使监察权和廉政建设。

其四,详定监察法规,为以法察吏提供法律依据,同时也约束监察官权力的行使。中国古代的监察法是和监察机关权力的演变相向发展的,由简单到复杂,由地方到中央,由单行法规到完整的法典,成为中国古代法律体系中独具特色的组成部分和中华法系的重要表征。监察有法是中国古代监察制度成熟的表现,使监察活动于法有据,而且也将监察官的权力限制在法定范围以内，不得任意妄为。监察立法规定了监察机关的职掌，规范了监察机关的行动准则和程序以及监察官的违法制裁，因而是监察机关活动的法律依据。它的权威性增强了监察机关的权威性和合法性，它的价值不限于特定的历史时期，也给当代的监察制度与法治建设提供了历史的经验和借鉴。

其五，严格监察官选任，保障监察制度贯彻实施。监察官既负有督率百僚、纠弹非违的职责，而且还"代天巡狩"，所谓"御史出巡，地动山摇"。正因如此，对于监察官的选任极为严格：首先，须具有清正刚直、疾恶如仇的品格。其次，需要具有文化素质，"非科举正途出身，不得任用"，而且考选合格后还须经过试职才得实授。明成祖曾明令吏部："御史为朕耳目之寄，宜用有常识通达治体者。"再次，须有地方实际工作经验，而且年龄适中，为官有瑕疵者不得为监察官。最后，京官三品以上及督抚子弟也不得考选监察官。

（原载《北京日报》2018年3月5日第19版）

治官需先察官

制度由人来设计、制定,也由人来执行和遵守,归根结底是为人服务的。而人总是生活在一定的社会制度之下,按制度设定的规程或范围行事,受制度的激励或限制。在制度与人的关系中,人是主动因素,也是可变因素,而制度具有稳定性和长期性。用制度管权管事管人,核心是用制度管人。管住了人,也就管住了权和事。

在我国古代,就有一项以官为对象、以察官治官为主要目标的制度,这就是监察制度。它产生于中华民族的文化土壤之中,内容丰富,历史悠久,连绵两千余年,为封建国家的治理做出了重要贡献。虽然我国古代监察制度具有历史的局限性,但以史为鉴,可知兴替。了解我国古代的监察制度,对于今天的制度建设有一定的参考意义。

监察制度的产生与古代官僚制度的形成有密切联系。据《史记》记载,战国时期官僚制度逐渐取代世卿制度,监察制度也随之产生,出现了执掌监察、整肃百僚的御史官职。自战国至晚清，监察制度经历了两千余年的发展历程。汉武帝时，划分天下为十三部监察区，每部设部刺史一人，负责监察地方长吏与豪强势力。唐朝建立"一台三院"的监察体制，中央设御史台为最高监察机关，下设三院，分管百官、朝仪、巡按。明朝建立以后，改御史台为都察院，特别重视御史巡按地方，将全国划分为十三道监察区，定期或不定期派御史巡按监察。清朝在关外肇基阶段便建立了都察院，入关以后监察制度基本沿袭明制。

概括起来，监察官的主要职掌有几点：一是维持朝廷纲纪，确保国家活动得以有序运转；二是纠弹官邪，即纠举弹劾违法失职的官吏，维持吏治；三是监察政务，从中央到地方形成一个监察网络，几乎涵盖国家的各项主要活动，以行政监察与司法监察为主；四是向中央荐举地方廉吏与人才。监察官员的品级不高，一般为八品官，但可监察地方长吏以及朝官；他们是天子耳目，既可以向地方宣传朝廷旨意与德化，又可把地方形势、吏治状态、农业丰歉等及时上奏朝廷，便于朝廷决策。监察官所起的作用主要是约束官吏权力的滥用，通过弹劾违法失职官吏来整肃官僚队伍，通过巡按地方来沟通朝廷与地方之间的联系，是整个国家机器运转的调解器与平衡器。正因为如此，明太祖说，"中书政之本，都督府掌军旅，御史台纠察百司，朝廷纪纲，尽系于此"。

古代监察制度历经两千余年而未断，是察官治官的典范，为我们提供了不少历史借鉴。

其一，监察制度需有法。我国古代的监察法是法律体系中的重要组成部分，规定着监察官的职掌与活动原则、据以察吏的法律根据等。早在汉武帝时，为便于刺史监郡，就制定了《六条问事》，这可以说是最早的监察法。《六条问事》确定以两千石高官与强宗豪右为监察重点。至唐朝，随着官僚制度的发展，其所制定的《监察六法》规定凡是品官均在监察之列，还规定了对德行孝悌的上报内容。至清朝，制定的《钦定台规》共八卷二十二目，可以说是集监察立法之大成，是一部完备的监察法典。

其二，监察官有较高任职要求。正是由于监察官乃察官之官，又称为"风宪官"，发挥着纠正风纪、维持国家大经大法的重要作用，因此对其任职条件较高。一是需要较高的文化素质，常是科举出身。二是重视思想品质，以刚正疾恶为选任标准。如唐高祖时，以万年县法曹孙伏伽诚直，指陈得失，无所回避，升为侍御史。三是必须有实际的施政经验。唐时，不经历州县官的任职不得为监察官；明朝规定，只有经任两任县令者方可为御史。

其三，历史表明，监察制度对于维持国家纲纪、纠正官邪，保证官僚队伍的整体素质，养成"彰善瘅恶"的官场风气起到了积极作用，是封建专制制度自我调整、自我改进、自我补救的重要措施。为了强化国家治理，需要治官；而治官必须察官，察官尤依有法。这些在我国古代监察制度的发展中都得到了体现。

(原载《人民日报》2013年8月22日第7版)

"政之理乱"系于监察

中国古代的监察制度是产生于中华民族的文化土壤上的一项制度,体现了中华民族的智慧和创造力。它经历了悠久的发展过程,形成了完整的制度和严密的法律规范。它的任务就是维持国家的纲纪;在国家机关体系中,监察机关处于权力制衡的位置,使国家机器得以正常运行;监察机关又以弹劾"官邪"作为重要的职掌,以确保官僚队伍的素质。

由于监察主要以官为对象,因此在官僚制度取代世卿制度以后,监察制度才获得了独立的发展。监察所涉及的范围极为广泛,凡属立法、人事、行政、经济、军事、司法、文教、礼仪、祭祀等均纳入监察的职掌范围。正是由于监察机关对于国家的稳定起着一定的作用,因此历代统治者均极为重视。直到晚清官制改革时,都察院仍存而不废,甚至孙中山建立民国时也吸收历史经验,以监察院作为五院制的国家构成。

至东汉,每逢朝会,御史中丞和尚书令、司隶校尉设有专席,称为"三独坐"

战国时,韩、赵、魏、秦、齐等国的御史既是国君左右记事之官,也负责监督百官的言行。《史记·滑稽列传》中淳于髡说:"执法在旁,御史在后,恐惧俯伏,不敢放量饮酒,不过一斗径醉矣",说明御史已经具有察官的权威。

至秦,中央设立监察机关御史府,执掌典政法度,举劾奸邪。御史执行公务时"皆冠法冠",以示执法不阿。

西汉御史台虽为中央最高监察机关,但在法定的官僚系统中地位不高,隶属少府,御史中丞品秩不过千石。但由于御史台设于宫内,接近皇帝,职权却很显赫。至东汉,御史台逐渐脱离少府,发展成独立的监察机构,地位也随之提高。每逢朝会,御史中丞和尚书令、司隶校尉设有专席,称为"三独坐"。

两汉监察机关活动的重点是监察地方,这和汉朝推行"强干弱枝"的政策是分不开的。汉武帝时曾划分全国为十三部监察区。各部置刺史一人为中央派出的常驻监察官。部刺史根据汉武帝手订的《六条问事》,用以监督郡国守相(二千石)专恣擅权及与地方豪强势力勾结,有违犯者,按"六条"治罪。

在汉代监察活动中，司法监察列为重点，朝廷选派明法律者充当治书御史，"凡天下诸谳疑事，掌以法律当其是非"。有时，皇帝还特派绣衣直指御史与州郡官共同审理大案。

汉代监察机关在国家机关体系中自成系统，标志着封建监察制度的发展。监察机关通过对官吏的监督，加强了国家机器的效能，因而职权不断扩大。

魏、晋、南北朝时期，允许御史风闻言事，而无须实据，显示了职权的扩大

魏、晋、南北朝时期，御史中丞已拥有"震肃百僚"的权威，"自皇太子以下，无所不纠"。南梁张缅为御史中丞，号称"劲直"，梁武帝曾请画工画其像于台省，以示褒奖，以励当官。北朝适应加强专制主义的需要，改御史中丞为御史中尉。"出入千步清道，与皇太子分路，王公百辟咸使逊避，其余百僚，下马驰车止路旁，其违缓者，以棒棒之。"

不仅如此，还允许御史风闻言事，而无须实据，显示了职权的扩大。如果百官有罪，御史失纠，则要免官。为了发挥监察机关的职能，御史的人选较严，大士族不得担任御史中丞，以防止株蔓相连，徇私枉纵。但在中国特有的门阀政治时代，士族把持朝政，监察官很难行使职掌，有些严于职守的监察官

也很难久留于任。如南朝刘宋六十年间,历任御史中丞者53人,"校其年月,不过盈岁"。

"彰善瘅恶,激浊扬清,御史之职也。政之理乱,实由此焉"

至唐代,封建监察制度已经定型,形成了"一台三院"的体制。台为御史台,是中央最高监察机关,以御史大夫为长,"掌邦国刑宪典章之政令,以肃正朝列"。有权弹劾百官,参决大狱,监督府库支出等。御史台下设台院、殿院、察院。台院,设治书侍御史六人,职掌纠弹中央百官,参加大理寺审判和推鞫由皇帝制敕交付的案件。殿院,设殿中侍御史四人,职掌纠察朝仪。察院,设监察御史十五人,其中三人分察六部,余十二人,根据地方十道监察区,分巡地方州县。三院既分立,又互相配合。唐睿宗在论及监察机关的重要性时说:"彰善瘅恶,激浊扬清,御史之职也。政之理乱,实由此焉。"

为使纠弹准确,中宗时下诏:"每弹人,必先进内状,许乃可。"在推行封建法制而为史家所称道的唐朝,监察机关对京内外各级官吏进行监督纠弹,"颛举不如法者""以刑法典章纠正百官之罪恶",实质上是依法对有罪官吏进行起诉,表现了司法监察的发展。

唐朝还发展了汉以来的言谏制度，设置了谏官组织。谏官的主要任务是研究国家的政策、法令、措施、制度，如认为不妥，有权向皇帝言谏和封驳。就是说，皇帝也要受到谏官的某种监督，这是唐代监察制度的一个显著的特点。由于规谏和封驳着眼于国家利益，保证了皇权的正确行使，因而为皇帝所接受。唐太宗就以能纳谏而为史书所称道。

明朝广泛推行御史巡按地方的制度，"巡按御史"权力极大，"大事奏裁，小事立断"

宋朝监察机关的地位有所提高，其活动进一步制度化。表现为由皇帝亲自掌握监察御史的任用权，废除了唐代宰相对于御史的任用权和荐举权。凡是经宰相荐举为官的或其亲戚故旧，均不得为御史。此外，未经两任县令者，不得为御史，以保证御史具有实际的行政经验。宋朝也允许御史"风闻弹人"，且不一定要有实据，奏弹不当也不加惩罚，从而助长了御史弹劾权的滥用。

元朝建立以后，为了监督汉官和控制地方，于中央御史台外还在江南、陕西两地设立行御史台；同时，派出肃正廉访使监察地方握有法律内和法律外的权限。《宪台格例》最后一条规定："该载不尽应合纠察事理，委监察并行纠察。"元世祖曾经表达他对监察机关的倚重:"中书朕左手,枢密朕右手,御史台是朕医两手的。"这也说明,中央最高的军政长官也要接受御史台的监督。

明初,改御史台为都察院,太祖朱元璋深知官吏贪渎、危害百姓是元末农民大起义的起因,因此对监察机关十分重视。他说:"国家立三大府,中书总政事,都督掌军旅,御史掌纠察,朝廷纲纪尽系于此,而台察之任尤清要。"由于明朝废除了宰相制度,提高了六部的地位,为了加强对六部的监督,专设六科给事中负责专掌对六部的监察。由此,科道合一,废止了言谏制度,反映了专制制度的强化。

明朝还广泛推行御史巡按地方的制度。"巡按御史"是皇帝的代表,权力极大,"大事奏裁,小事立断"。

清朝的监察法十分详备,为同时期世界其他国家所未有

清袭明制,以都察院为中央最高监察机关,地方督抚也带左都御史衔,负责监察地方。清朝于都察院下设五城察院,由都察院派出巡城御史,是集监察、行政、司法合一的基层监察机构。

由于清朝专制主义极端发展,监察官多不敢言事,唯恐受

到谴责。例如，康熙三十六年（1697）上谕中说："近时言官奏疏寥寥，虽间有人奏而深切时政以实直陈者甚少。"乾隆五年（1740）上谕也说："科道为朝臣耳目之官……乃数年中条奏虽多，非猥琐陋见，即抄袭陈言，求其见诸施行能收实将近者何事乎？近日即科道官敷奏者，亦属寥寥，即间有条奏多无可采。"

可是有的御史就是因为直言上奏而受到申斥和惩罚。乾隆二十三年（1758），御史周照的条奏中提到："行政急于观成，必条理繁多，法令严密，承于下者转得以空文相应"，结果触怒乾隆帝，严行申饬"试问今日之行政，有视昔加严者乎，繁者何条，密者何令？"

值得提出的是，清朝的监察法——《钦定台规》十分详备，为同时期世界其他国家所未有。

从西汉时的《六条问事》到清朝的《钦定台规》，辗转相承，不断丰富，成为法律体系中的一个重要分支

总括以上，封建时代的监察机关是国家机关体系中的重要组成部分。其职权之所以不断扩大是因为它对维护国家的统治，发挥官僚机构的职能，提高官吏的素质与吏治，贯彻既定的方针政策与法令，保证国家机器的运转，起着一定作用。因而才有"政之理乱"系之于监察职能发挥的观点。

监察官作为皇帝的"耳目之司",官品虽卑,但职权极重。位卑,便于皇帝控制;权重,是源于"代天巡守"。正因为如此,对于监察官的选任资格极为严格。

首要的是具有清正刚直、疾恶如仇的品格。其次,需要具有较高的文化素质,"非科举正途出身,不得任用",而且考选合格后,还须经过试职,才得实授。明成祖曾明令吏部"御史为严耳目之寄,宜用有学识通达治体者"。再次,需有地方实际工作经验,而且年龄适中。为官有瑕疵者不得为监察官。最后,京官三品以上及督抚子弟也不得考选监察官。

封建时代的监察官,除依据国家法律行事以外,还有专门的监察法。从西汉时的《六条问事》到清朝的《钦定台规》,辗转相承,不断丰富,成为法律体系中的一个重要分支。监察法的主要内容是规定监察官的职掌范围、活动规范、行使职权的方式方法,以及违法制裁等。

综观中国古代监察历史的发展,无论是制度的建构,监察法律的制定,监察官的人选,巡按地方的司法监察,弹劾违法失职的官吏与提起诉讼,等等,都说明它是防止官吏贪腐的一道防线。它所积累的成功的经验,具有历史借鉴的意义。

(原载《北京日报》2017年1月16日第15版)

中国古代监察制度及借鉴意义

中国古代的监察制度有两千多年的历史发展过程，一直没有中断，具有系统性、完整性、传承性。这在世界各国的法治史和法律制度史上都是很少见的。中国的监察制度产生于中华民族的文化土壤之上，带有很强的国情特色，也可以说是世界政治史、文化史中一门具有特殊性的学问。

监察的对象是官，谈起监察就要谈官的起源。中国古代的官产生在战国时期，当时各诸侯国在争霸过程中，都感觉到人才的重要，所以都是从平民中考察选拔有才能之士做官，官僚制度就这样产生，并逐渐取代原有的世卿制度，也就是贵族世代做官的制度。用官僚制度取代世卿制度是一个历史的进步。

官僚制度产生后，国君要用官，信任官，当然也要考察官，这样查官之官，也就是御史，就产生了。

秦代监察律法史料

古籍中有不少关于御史的资料。《史记》里的列传中，有一部《滑稽列传》("滑"字念"古"),其中记载齐威王和他的一个近臣淳于髡的对话。齐威王问他,你能喝多少酒?回答说能喝一斗酒,也能喝一石酒。齐威王说你是在开玩笑吗?淳于髡说,我在春和景明的日子和朋友相聚,大家兴高采烈,喝一石酒也不觉得醉,可是大王赐酒在前,执法在旁、御史在后,臣服服帖帖,不胜一斗。这个故事说明,有御史在后,官吏也感觉到震慑。

1975年,我们在湖北云梦县发现一批秦代竹简,其中有很多法律方面的文本,这是很珍贵的史料记录。其中有两条很有意思,一条叫《尉杂》,也就是杂律。里面有一段话:"岁雠辟律于御史",意思是每到年终的时候,就要核对("雠")辟律,也就是刑律。中央的最高执法官廷尉,要到御史那里去了解,这一年颁布了哪些新的法律,哪些不适用,要进行核对。这说明御史是掌管国家律令的。

还有一段记载,是秦律里的《传食律》,其中有不少具体规定。比方说御史派属下巡视地方时,所到之处驿站具体规定了伙食标准,哪些人给半斗粮食,哪些人给葱,给酒,给多少酱,等等。

这两段是很可靠的历史记载,一个说明御史掌管国家的律令,国家最高的司法官要到他那里去核对;一个规定御史的属官出巡时地方接待的具体标准。这说明在战国时已经有了查官之官的御史，而且御史还有相应的职能。这可以说是御史制度的最初的形态。

两汉时期的御史制度

两汉时期，中国的御史制度有了进一步的发展。汉代御史在中央分为三个系统：一个是由御史台所属的监察系统，长官叫御史中丞；另一个是丞相掌握的行政监察系统，长官就是丞相，其手下具体负责的行政监察叫丞相使；第三个是掌管京城和周围六郡的监察官，长官叫司隶校尉，曹操做丞相之前就担任过司隶校尉。这三个系统各有自己的长官，互不统属。御史系统的长官本来是御史大夫，但御史大夫在汉代的时候担任副丞相，所以主管监察的就是御史中丞。这三个监察系统的长官，在朝会的时候各有专门的座位，当时史书上说这是"三独坐"，这是表示他们地位的重要。

汉代从汉武帝时期起，由董仲舒倡议，独尊儒术。但是这个时期的儒学和五行学说、天人感应学说相互交融，成为一个新的儒学。这个时候，汉代的皇帝就利用阴阳五行、天人感应这些学说来为监察制度的必要性进行辩护。每当天相出现异常，比如说出现日食了，那么皇帝就借这个机会下诏，说这一定是百官没有尽到责任，司法有不公平的地方，就要监察御史加紧进行监察。利用天相来论证监察的必要性，这是汉代的监察思想的特点。东汉尤其厉害，这里有很多例子说到了。

汉代监察制度的另一个发展，就是在地方上设定了十三部监察区，每一部都又专设一个监察官，叫侍御史。为了给十三部的侍御史的工作提供法律依据，汉代最早的一部地方监察法规就叫《六条问事》，又叫《侍察六条》《侍史六条》。这六条反映了汉代的时代特点，因为汉朝建立以后，刘邦分封他的子弟做王国的王和侯国的侯，所以地方上王侯势力很强大，豪强势力也很强大。那个时期曾经发生过"七王之乱"。"七王之乱"平定以后，汉武帝继位时感觉到要加强中央集权，彻底改变尾大不掉的地方势力。怎么办？就要加强地方的监察，于是他亲自参与制定了这《六条问事》。

这六条里的第一条，是针对地方豪强势力的。豪强势力不法要归《六条问事》来处理，以下五条全是针对郡的地方长官，就是"二千石郡的太守"。《六条问事》是现在看到最早的中国通行于地方的有条理性的法律，对后世很有影响。

唐代"一台三院制"以及对后世的影响

唐朝是中国的盛世。当时国家制度、文化、法治都处于兴盛时代。那么唐代的监察法和监察系统，总结了汉的教训，有很大的改动。改动之一，就是唐代的统治者深深感觉到汉代的相权和皇权之间有着激烈的冲突，相权也有很大的势力，常常和皇权冲突。举例来说，汉武帝在位54年，任用了13位丞相，这13位丞相里只有4位得善终，其余的不是被赐死就是被处刑，或者谥令自尽。唐朝的统治者采取的办法是，在它的中枢体制实行三省制度，把丞相的一个职权分为三个权力。三省之一是中书省，是发政令的；其次门下省，是管复核的；最后是尚书省，是管执行的。三省长官统一称丞相，但权力一分为三，避免干扰、侵夺皇权。同时在中书门下建立一个政事堂，是宰相联合办公的地方。皇帝有时候还派一些大臣到政事堂参加政务的讨论和执行一些工作。凡是参加政事堂议事的官都有丞相的称号，都可以行使宰相的一些职权。所以唐代实行的中枢政治制度是群相制度，这是吸取了汉代的教训。

这样一个中枢政治制度，也决定了监察制度要做重大改变。唐朝的监察制度是"一台三院制"。一台是御史台，三院就是台院、殿院、察院，也把统一的监察权分为三。三院中，台院是管宫廷的司法监察任务，台院有侍御史。殿院是管维持朝廷礼仪的。重要的是察院，察院设监察御史，负责监察地方上的官吏。监察御史的人数根据当时的监察区而定。唐代的监察区叫作"道",最初是十道,后来增加到十五道。这样就有十五位监察御史,按照各自分配的道来进行监察工作。监察御史是位卑权重,它的品级只有七品或八品官,但是权力很重,因为他是皇帝的耳目之司。

唐朝的皇帝非常重视御史监察的作用。唐朝初期的唐睿宗讲了一段话:"彰善瘅恶,激浊扬清,御史之职也。政之理乱,实由此焉。""政之理乱",国家政事能否得到治理,就在御史能不能尽到责任。

后面的唐玄宗也讲了一句话:"御史执宪,纲纪是司。"御史是干什么的?是执掌国家大法的。国家的纲纪就靠着御史来维持。所以唐朝的统治者对待御史、对监察官、对监察制度的设计,都是尽了很大的努力的。

唐代有个著名的监察御史,就是大家都知道的大书法家颜真卿。颜真卿做监察御史时,有一年五原地区大旱不雨,皇帝派颜真卿到那里去监察,颜真卿到了以后,把那里多年的积案一下子就解决了,于是天降大雨,当地老百姓都称之为"御史雨"。

唐代皇帝经常派遣监察御史出巡地方,每次派史的时候,皇帝都要下诏或者下令,布置机宜,下去重点要查什么。很重要的一点是查地方风俗,处置贪官那是理中之事了。

唐代也发布过一个重要法，叫《监察六法》。《监察六法》和汉代的《六条问事》不一样，《六条问事》重点打击地方豪强和监察地方长官，而《监察六法》开宗明义第一条，全国所有地方官全在监察之列。这一点和汉代完全不同。其次很重要的一条，提到了经济监察，比如农桑情况如何，仓库保管如何，水旱情况怎样，等等。再有就是对地方上的司法状况进行监察，有没有冤狱，老百姓有没有冤屈。还有一条就是不仅查贪官，还要举贤良，要发现地方上有茂才等文学之士，要举荐给国家。

所以，唐代的《监察六法》比起汉代前进一大步，而且内容更宽泛。史书上说，由于监察官出巡地方，使得皇帝得到一个明四目、达四聪的作用。"四目四聪"是《尚书·舜典》里的话，就是说它可以广他的耳目，四方之远都能听到和看到。

唐朝的御史台制度，"一台三院制"，这是中国监察制度发展的一个成熟形态，此后影响了中国将近七百年的时间。

宋朝监察思想更适应中央集权

宋朝也是实行唐朝的"一台三院制"，但是有一些变化。因为宋朝开国皇帝是被下面的官吏拥戴上来的，带兵打仗刚离开首都，到了陈桥驿就称帝了。由于这个原因，宋太祖赵匡胤就定了一道家法，叫"曲为之制，事为之防"。他特别防范的就是官吏结党,"曲为之制"就是要特别监察防止官吏结党营私;"事为之防"就是国家各机关之间的权力要制衡,便于皇帝操控。继任的宋太宗就说,这是太祖留下来的话。所以宋朝皇室的监察思想,很重要的就是重纲纪之事,要维持国家的纲纪。御史很重要的职责也是维持国家的纲纪。

宋朝在御史制度上也有一些变化,这个变化就是适应加强中央集权这个特点。地方的兵权、地方的财权都收归朝廷,地方的很多权力都收归中央了,地方上没有应变能力,所以一打仗地方就失陷。

宋朝的中央集权,在监察制度上的体现有以下几点。

首先,它把宰相所掌握的一部分监察权收归皇帝掌握。按照唐代的宰相三省制度,设有门下省,门下省掌管的是谏官组织,也就是给皇帝提意见的。皇帝在发令之前,门下省要复核,看政策上有没有不合适的地方。门下省的官吏就是谏官,掌握着谏议权。而宋朝因为加强中央集权,门下省的谏诤权就移给皇帝,由皇帝掌握,门下省没有了对皇帝的谏诤权,其他的权力都并归到监察那边了。这就开了"科道合一"的先例,也就是谏官和监察官合一,都管监察了。这是一个变化。

其次,在地方上的监察制度也有变化。宋朝行政体制,最高一层是"路"(相当于省级),路设有安抚使、廉访使和按察使,分别是行政长官、财政长官、司法长官。同时路级设有"监司",是省这一级的监察长官,具有最高监察权。那就是由地方上的行政、财政、司法官掌握了监察权,共同行使监察的任务。但还有一条,就是实行"监司互监法",路级的三个监司之间要互相监督。名义上是避免漏监、失监,实际上也是便于皇帝掌握。这是地方上的变化。

还有,宋代要求御史台任命的监察官,在一个月内一定要奏弹一个官吏,奏弹一件事情。如果你上任一个月还没有任何作为,有事情你看到了也没有提出来奏弹,也没有奏弹一个官,这样就要罚钱,罚钱的名义叫"辱台钱"。就是你侮辱了御史台,御史台要你做的事没有做。也就是强制监察官每个月要进行监察。但这样又开了一个先例,就是说宋朝允许监察官"风闻言事",你听到的事不一定要有确证,同样可以向皇帝奏报,即使没有实据也不给处分。通过这种办法,皇帝希望能够广视听,得到更多的东西。那么从宋史上来看,这样"风闻言事"闹出了很多笑话,明明是很小的事情,却提上了很高的高度,但如果不讲他就要被罚钱了。比如有一个御史跟皇帝讲,现在市场上卖的糕饼个儿小了,恐怕是有损如何如何的,显然真是没话可说了。

集中行政权

中央:

分割宰相职权 { ①设参知政事——行政权 ②设枢密使——军权 ③设三司使——财政权 }

地方:①文官任知州,通判监督
　　　②"三岁一易"

影响:
加强了中央集权,有利于统一;
但官僚机构庞大,人浮于事,效率低下

宋朝加强中央集权

元朝形成了成熟的《监察法》

元朝是蒙古贵族为主体的政权。元朝国家的中书制度没有太大的变化,但是元世祖以大汗皇帝的身份讲了一段话,说"中书朕左手,枢密朕右手,御史台是朕医两手的"。中书是丞相,是左手;枢密是军事最高机关,是朕的右手。如果我这两手有病的话,就由御史台来医治。这就把御史台的地位提得很高了。也就是说,御史台的御史大夫有权力弹劾宰相,弹劾最高军事长官枢密使。元世祖讲的这段话,被他的后代子孙奉为"重台之旨",就是说要重视御史台。

元朝统治期间大量使用汉官。为了监督、监视汉官,特别是提防当时各地的反元势力和反元斗争,元朝的统治者在监察制度上,除中央御史台之外,又设立了两个行御史台,一个设在陕西，一个设在南京。行御史台的执掌和中央御史台相似，他的级别和中央御史台一样，要重点监察地方，而且也很重视地方监察御史对地方的监察。元朝不叫监察御史，叫肃政廉访司。元代有个著名的戏《窦娥冤》，是关汉卿编的剧本。窦娥这个冤案是谁给纠正过来的？就是肃政廉访司到这来纠正的。元朝的肃政廉访司也有权直接向皇帝汇报。

元朝本来并不是一个重视法治的朝代，但是元朝的《监察法》却相当成熟，内容相当之丰富。它的《监察法》也是地方具体利用监察制度的法律。这部法律的最后一条讲的是，这个法律有"该载未尽"——应该记载但没有写全，在事理上又是应该监察的，那么监察官可以便宜处理。这等于给了监察和地方肃政廉访司一个法律内和法律外的权力，权限是很大的。

总之，从唐朝到宋、元，最基本的监察制度没有大的改变，都是"一台三院制"，但是具体制度还是有很多变化，这些变化是和中枢制度的变化连在一起的。

明清两朝监察制度的法典化

明朝处于中国的封建社会后期，也是中国监察制度发展的最后一个阶段。朱元璋在做皇帝之前，曾经面对御史讲了一段话。他说中书是管政令的，都督是管军旅和打仗的，御史是管监察的。他又加了一句:"御史之任尤清要。"御史是管监察的,你的职务既清且要。这个话唐高祖也说过。御史不像其他的官,为官必须清正;御史要是做出贪赃枉法的事情是要加倍处刑的。中书、都督、御史是国家最重要的三个机关,明朝初期对御史尤其重视。

明朝的中书政治制度发生了一个重大的改变。就是在洪武十三年(1380)的时候,左丞相胡惟庸谋反,皇帝把他杀了。洪武十五年(1382)就废除了丞相制度。到了这个时候,相权和皇权的矛盾以皇权的胜利了结,皇权集中了。所以明朝的皇帝是极端专制、专权的,难有和它抗衡的力量。丞相废除以后,对监察制度的影响,就是由"一台三院制"变成了"一院制",就是改御史台为督察院,监察权也集中了。

明朝很重视地方巡按制度,就是"八府巡按"。明朝一个著名的清官海瑞曾经是"十府巡按"。他在巡按期间纠察了退居的宰相徐阶一家非法妄图的事情。巡按在地方也有很大的监察权,叫作"大事奏裁,小事立断"。为什么他有这么大权力?因为他是皇帝的耳目之司。我们看京戏《玉堂春》,那王金龙就是八府巡按,就是在处理这个案件。明朝的监察法已经逐渐趋向于法典化了。洪武朱元璋时代制定的《宪纲》,到英宗时代就有《宪纲条例》。就是不仅应用于地方,也应用于中央,而且条文很细腻，逐渐向法典化趋向发展。

由明朝实行的督察院制度也影响了此后的五百多年。清朝也是实行一院制度，也很重视监察。清朝在地方上设置了十三清吏司，作为监察地方的机构。明朝就设置了十三清吏司，由监察官、监察御史按照分配的司来进行监察，清朝实际上是继承了明朝的办法。

清朝值得提出的是，它的监察法已经达到了法典化的地步。从乾隆年起制定的《钦定台规》，以后经过陆续几次修改。《钦定台规》由八个部分组成，开头第一部分是训典，就是皇帝对监察工作的一些训示，训典就是总则。以下分六科、五层等，一共是八个部分。从中可以看到，中国从汉朝的《刺史六条》以来监察制度的发展，最初是地方的，由地方逐渐到中央，最后到全国这样一个发展轨迹，由简单到复杂，由单行法规最后到法典化。可以说这本《钦定台规》是集大成之作。

我们谈中华法系也好，谈中国传统文化的历史也好，监察法都是一个很重要的内容。它确实反映了中华法系的特点，反映了中华法系所达到的高度。像这样一部监察法，在世界上其他任何一个国家的历史中是找不到的。所以说中国是一个法治文明发展很早的国家，五千年的中华历史，监察法制史也是发展很早的。

中国古代监察制度的职能和局限性

从汉唐以来,特别是唐以来,御史主要监察什么?御史监察范围包括立法监察、行政监察、司法监察、仪制监察、文教监察,涉及国家的许多方面。

到了清朝,御史的职权更扩大了:巡仓御史,仓库有巡仓的御史;巡漕御史,清代南粮北运主要靠漕运,有巡漕御史;科举考试要在考场设监场御史;在会审案件的时候还专门派一个御史,看看九卿会审有没有无故缺席的、有没有打瞌睡的、有没有讨论时不发言的,监察御史都要记录下来。可以说,清代的监察网络遍及全国,遍布国家的各个部门。

而且在北京右安门专设一个接待站,接待上告人员。清朝有刑事案件可以逐级上告,一直到京控,接受京控案件的一个御史专门在右安门设点接受京控案件的状子。甚至雍正朝建立了军机处以后,还在军机处旁边设了一个点,有个御史在那里监视,普通官员要走到这里,他就要劝你回去,这是军机要地。所以清代监察网络遍及全国,遍及国家的各个部门。

那么中国古代的监察制度,主要起到了什么样的作用?首先,它主要是维持了国家的纲纪。所以提到了御史说"纲纪是司",就是维持国家的纲纪,维持国家的大纲大法。其次,它保持了官僚队伍基本的素质，比如肃贪，更重要的是通过监察的方方面面，使得国家机器能够正常运转。

比如说行政监察，唐代有一个制度叫勾检制度，行政监察要监察官员的行政效率，而不仅仅监察你是否违法。大事应该几日完结，中事几日完结，小事几日完结，到时候监察官来勾检，事情完结了画个钩，要没完结就纠弹你。这样对提高行政效率就起了一些作用。

中国古代监察制度

职能	朝代	部门名称		职能
监察官员（明清监察制度达到顶峰）	秦	御史大夫		监察百官
	汉	御史府		御史大夫——监察和弹劾百官 刺史——监督郡国长官地方专职监察官员
	明清	中央"科道"	督察院——监察御史	分道对地方官员进行监督
			六科给事中	监督六部业务
		地方	按察使司	省级机构设立，负责司法、监察

监察官还在官僚队伍中张扬了一种正气。明朝严嵩党掌权的时候，有一个执掌监察权的谏议官叫杨继盛，严嵩那时炙手

可热,他出头弹劾严嵩父子,结果被下狱。死前他写了一首绝命诗,对当时的官场很有影响:"饮酒读书四十年,乌纱头上有青天。男儿欲上凌烟阁,第一功名不爱钱。"凌烟阁是唐朝李世民给他的功臣二十八将供奉画像的地方。这首诗的意思是要做监察官,最重要的是不爱钱。

有时候皇帝也被御史的正气所震慑。明朝有一个著名的荒唐皇帝正德帝,一次他要到山西去玩,有一个御史按剑坐在北门那个地方,皇帝居然没敢走。后来他想个办法把这个御史调去做别的事情,然后才跑到山西去玩了。

有些御史还有骨鲠的正气,这和选什么样人做御史有很大的关系。御史人才第一选叫作骨骼清奇,敢于纠弹贵族豪门显宦。首先就是政治品格要高尚;其次要有文化,科举出身的。再有,从唐朝起就规定了,选拔监察官一定要有地方行政工作的经验,做两任县官的才可以做御史。唐代有时在审查御史新官的时候,没有科举、没有行政工作经验的都辞退。选御史的标准比一般的官员要严格得多。但御史特别是监察御史,实际上官品位并不高,最高的监察官品级也就是元朝的从一品。

监察官位卑而权重,权力很大。唐朝的时候有俗语说,"御史出巡,地动山摇"。有时候御史出巡时和皇太子的车马相遇,皇太子的车马都要稍退,让御史车先过去。为什么权重?因为它是皇帝的耳目之司。

晚清时候的1906年，曾经进行过一次非常大的官制改革，把封建的官制基本都改掉了，像吏部改成人事部等，但把督察院保留了下来，只是人员名额缩小了一些。为什么保留督察院？当时监察御史干了一件事情，有一个汉官叫段芝贵想做黑龙江省巡抚，他走了载振的门路。载振是贵族，当时是农工商部大臣。段芝贵在天津买了一个名妓叫杨翠喜，把她送给了载振，于是通过载振的运作，把他派到黑龙江省做巡抚。这个事情被监察御史知道后提出弹劾，结果段芝贵在上任途中，还没到黑龙江就被革职拿问了。这个杨翠喜案当时轰动一时，所以就把督察院保留下来了。到了民国时期，孙中山也是非常尊重监察权的。

历史上，监察制度的发展和统治阶级的统治思想密切相关。每一个时代，从最高统治者皇帝、最重要的大臣到著名文人，对监察制度都有一些见解和评论，这些就是我们研究监察制度时非常值得研究的监察思想。这些思想对于监察制度的建设起了一个导向的作用，对我们的研究也有重要的参考作用。历代的监察思想，也是中国古代政治学和法理学的一个重要内容。

再有，我们在考察监察制度变化的时候，一定要和它的中枢政治制度的变化连在一起。无论是"一台三院制"，还是

"一院制",都是和中枢政治制度的变化连在一起的,它受中枢制度的决定影响。考察研究中国古代的监察制度还必须明确,那个时代的监察制度有其历史局限性。监察官员之所以能够位卑权重,就在于他是皇帝的耳目,所以古代的监察权是附着于皇权的。遇有明君,这个监察制度就能发挥它的作用,监察官也能够展其所长;遇有昏君,监察官不仅不能发挥他的作用,而且他的官位甚至他的性命都有可能不保。像正德皇帝要下江南,有些御史、谏官劝谏他不要去,结果就在午门外廷杖,打死了若干官员,其中也包括谏官。

所以我们一定要批判其封建的糟粕,吸取其合理的因子,为我们今天深入改革、深入建设监察委员会、健康法制提供历史借鉴。

链接

编者按: 2018年8月2日,中信改革发展研究基金会、民建中央调研部、民建中信支部、民建北京市国企委员会共同举办了中信基金会"中国道路"系列第四十四期暨民建中信支部"名家讲坛"第一讲。

主讲嘉宾是年近九旬的张晋藩先生。张晋藩是中国政法大学终身教授,中国法治史学的奠基人和开拓者,曾主编十卷本

《中国法制通史》，主持了国务院重点文化项目中华大典、法律典，并主持编写了《中国少数民族法史通览》十卷本。曾多次为中央书记处、中央政治局、全国人大常委会讲课。

孔丹理事长说，习近平总书记2017年视察中国政法大学时就听取了张晋藩教授的发言。全面依法治国是中国特色社会主义的本质要求和重要保障，要深化国家监察体制改革，实现对所有行使公权力的公职人员监察全覆盖，张教授的讲座具有很强的现实指导意义。

（原载《经济导刊》2018年第10期）

中国监察体制改革的历史文化渊源

中国古代监察制度产生于中华民族文化土壤上,是土生土长的,其发展历程充分体现了中华民族的智慧与创造力。中国古代的统治者不仅注重监察体制的完善,而且致力于监察法的制定,以保证监察效能的发挥。监察网络对中央和地方实行全覆盖,整个官僚制度都被纳入监察网络之中。由于中国古代的监察制度包括行政监察、立法监察、人事监察、司法监察、经济监察、军事监察、仪制监察、文教监察等许多方面,从而决定了监察法所涉及的内容是广泛的,形式是多样的,制约机制的特殊作用是突出的。

作为国家制度的重要组成部分,中国古代的监察制度的基本任务就是整肃百僚、纠正官邪、弹劾非违、维持纲纪,以确保官僚队伍的基本素质,通过"彰善瘅恶,激浊扬清",充分实现国家的职能。

以监察御史制度为例,这一制度对于古代政治权力乃至最高权力的运行,发挥了积极的规范和制衡作用。无论是国家最高行政机关，还是最高军事机关都在监察范围之内，有些宰相因御史的纠弹而被罢免。说明监察御史制度在国家制度中占有重要地位。

至于监察御史，是执行监察权的官吏。有的御史专门负责监察中央官吏，有的专门负责监察地方官吏。特别是派出的巡按御史，代天子巡狩地方，不仅纠弹官吏的不法，而且还负责考察年成的丰歉、灾异的救治、百姓的疾苦以及选拔地方人才。正因为如此，巡按御史被视为皇帝的耳目之司。通过巡按御史进行中央与地方的政策沟通，形成了遍布全国的监察网络。我国古代监察御史制度有以下特点。

特点之一，御史监察制度不仅覆盖了整个官僚系统，而且也涉及国家政务的方方面面，如行政监察、立法监察、人事监察、司法监察、经济监察、军事监察、仪制监察、文教监察、科考监察等，有时还派出御史进行专门监察，如巡仓御史监察仓库。

特点之二，监察官受到最高统治者的重视，比如汉代中央最高监察官御史中丞与京畿地区的监察官司隶校尉和丞相在朝会中都有座位，时称"三独坐"。元世祖也曾说："中书朕左手，枢密朕右手，御史台是朕医两手的。"

特点之三，巡按地方的监察御史，由于是皇帝的耳目之司，品级不过八品、七品,但却可以弹劾地方长吏,而且"大事奏裁,小事立断",有些司法案件可以调集一干人犯进行审理,虽然位卑但权重,位卑便于皇帝控制,权重在于是皇帝耳目之寄。御史出巡,或定期,或不定期,或专项,都要对皇帝负责。御史回朝以后,直接向皇帝奏报,宰相无权过问。

特点之四,随着监察制度的形成和发展,监察立法也相应地有所发展,由简单到复杂,由单项到法典化,内容广泛,形式多样,使得监察活动有法律根据,不仅如此,监察立法也限定了监察权的行使,使监察官不得任意地超越法律之外行事,这也是中国古代以法为治的一种表现。清朝的监察法《钦定台规》,集历代监察立法之大成,内容包括训典、宪纲、六科、各道、五城、稽查、巡察和通例等八类,其完备性为世界所少有。监察立法产生于中华民族的文化土壤之上,既具有特殊性,也具有典型性,同时又是中华法治文明先进性的表征。

中国古代监察御史制度对国家监察体制改革提供了以下启示。

其一,古代的监察制度对于纠弹违法官吏、监督国家政务的实施、贯彻政策与法令、维持国家机器的正常运行都起了积极的作用,受到历代重视。晚清仿西方改革官制的时候,都察院存而不废。孙中山提出的"五权宪法",也包括了监察权在内。我们在新时代推进国家监察体制改革,构建监察委员会,正是总结古今中外历史经验的伟大创新。

其二,严格监察官的选任是贯彻实施监察制度的重要条件之一。如同孟子所说,"徒法不足以自行"。历代选拔监察官的条件,首先是道德品质,刚正廉洁,忠于职守,不徇私情,敢于触犯贵族高官;其次,需科举出身,以保证其文化素养;再次,监察官一定要有地方工作的经验,非两任县令者不得为御史;最后,三品以上的高官子弟,不得任监察官。有些王朝如明朝由明太祖亲自选拔监察官,曾黜不合格者。由于监察官选任严格,历代出现了许多忠于职守、不畏权贵的监察官,明时,著名的如海瑞居然把锋芒指向皇帝,还有因弹劾严嵩父子而下狱的监察官杨继盛,他在绝命诗中写道:"饮酒读书四十年,乌纱头上有青天。男儿欲上凌烟阁,第一功名不爱钱。"

其三,监察官必须严格依法监察,如有失监、漏监,尤其是贪赃枉法,加重处刑。如《大清律例》规定:科道官受人馈送、收人财物,以及买卖多取价利,较其他官员罪加二等处罚。

其四,御史监察,纠弹要有实据,不得"风闻言事"。如康熙初年圣谕中强调"至于都察院科道官员,职司风纪,于国家应行要务,即应直陈,一切奸弊,即据实指参",对于捕风捉影者予以制裁。

古人说，以史为鉴可知兴替，中国古代监察制度史与监察法制史留给我们许多具有现实借鉴意义的文化资源，值得认真研究、总结和弘扬。

链接：清代著名监察御史钱沣

钱沣（1740—1795），字东注，号南园，云南昆明人。

乾隆二十六年（1761）进士，历任翰林院编修、监察御史、湖南学政、通政司副使、江南道监察御史、通政司参议加太子太保、吏部尚书、协办大学士。

钱沣作为监察御史，所办的第一大案，就是举劾名臣毕沅。乾隆三十九年（1774），当时的陕甘总督勒尔谨上奏朝廷，提请捐监，让家有余粮的民众可以用粮食买"监生"的名分。但在捐监开始不久，甘肃连年旱灾，政府开仓放粮，仍然爆发了民变。朝廷一方面忙于镇压，一方面展开调查，结果发现陕甘总督在实收捐纳粮的同时，虚放赈灾粮，两边欺瞒，其中的利益都被勒尔谨据为己有。对此，朝廷震怒，严惩涉案官员，被处死者多达56人，这就是清代历史上著名的甘肃捐监冒赈案。

就在案子即将完结的时候，新任监察御史钱沣突然上疏，弹劾新任陕甘总督毕沅，说他在出任陕西巡抚时，跟勒尔谨有行政交集，曾经多次代行陕甘总督之职，掌握捐监冒赈的详情，但他多年来却不向朝廷揭发,因此对毕沅也应该严惩。虽然毕沅陈词辩解,但仍然被降职停俸。钱沣由此声名鹊起,有"鸣凤朝阳"之誉。

钱沣办理的另一大案是山东巡抚国泰的贪污大案。清乾隆四十七年(1782)四月,钱沣直接举报国泰贪纵营私等不法行为。国泰事先得到和珅的通风报信,早早做了准备,他向商人借来许多银子,凑足了库存数量,以掩盖库银严重短缺的真相。钱沣开封检查库银,发现库银多半是商家的杂色银,与成色十足、色泽明亮的帑银不符,于是,国泰贪赃枉法、造成国库短缺的罪行彻底败露。钱沣因此而名声大振,一年之内,连升三级,出任通政司副使。

因其清廉正直,钱沣在史籍中得到很高的赞誉,《清史稿》称他是"以直声震海内"。

(原载《人民法治》2018年第9期)

我国汉唐时期的监察法制

监察是中国古代职官管理的一项重要制度,是遏制官吏腐败的一道重要防线。中国古代监察至汉代始有立法监察、行政监察、人事监察、经济监察的划分。

汉代行政监察主要是监察行政机构贯彻和实施国家法令与各项政策,以及官员有无专断擅权与违法失职。西汉御史府的重要职掌之一,就是"受公卿群吏奏事,违失举劾之"。东汉时,侍御史"掌察举非法,受公卿郡吏奏事,有违失举劾之";司隶校尉"掌察举百官以下,及京师近郡犯法者";州刺史"常以八月巡行所部郡国,录囚徒,考殿最"。这体现了对于京师与地方官的行政监察,通过监察对官吏做出称职与否的判断。为了监察地方,汉初制定了《监御史九条》《刺史察举六条》,着重打击二千石不奉诏书、专断擅权的地方高官。

为了督励官吏廉洁奉公、勤于职守,在一年一度全国性的上计考核活动中,御史参与审查计簿的真实性,以评定官吏是否称职。汉宣帝黄龙元年(公元前49)二月,诏曰:"上计簿,具文而已，务为欺谩，以避其课。……御史察计簿，疑非实者，按之，使真伪无相乱。"另外，汉代传承"任人而所任不善者，各以其罪罪之"的任官原则，对不称职官员，不仅自身要受惩处，而且举荐人也要承担举荐失误的责任。如《二年律令·置吏律》简210记载："有任人以为吏，其所任不廉、不胜任以免，亦免任者。"

唐朝的监察法制较两汉有很大发展。唐朝监察首要的是对国家行政机关施政过程的监察。行政决策、行政执法以及决策反馈过程，均有专职监察官从事监察，其对象涉及朝官和地方官。为监察六部，设监察御史六人为六察官，"分察尚书六司，纠其过失"，称为部察。除部察外，监察御史巡按州县对地方的监察，称为道察。唐时划天下为十五道监察区，由御史台所属监察御史定期巡按所属州县，或由察院临时派出。朝廷也不定期派出使臣巡行天下。贞观八年（634）正月，太宗发布《遣使巡行天下诏》，派遣监察御史萧禹等"分行四方，申谕朕心，延问疾苦，观风俗之得失，察政刑之苛弊"。

在唐朝监察中，以察举弹劾官吏的违法失职、怠于政事为法定的常规职掌。唐太宗在贞观元年（627）八月的《纠劾违律行事诏》中严肃指出："自今以后，官人行事与律乖违者，仰所司纠劾，具以名闻。"为了查核官僚的治绩，纠弹不法，为黜陟奖惩提供依据，监察官还参加对百官的定期考课。事实上，内外百官的政务实绩早由监察官定期不定期上报，并记录在案。玄宗开元二十五年（737）十二月二十四日，命诸道采访使考课官人善绩，三年一奏，永为常式。至二十七年（739）二月七日，又颁敕文："三载考绩，黜陟幽明，允计大猷，以劝天下。比来诸道所通善状，但优仕进之辈，与为选调之资，责实徇名，或乖古义。自今以后，诸道使更不须善状。每三年，朕当自择使臣，观察风俗，有清白政理著闻者，当别擢用。"

此外，为了提高行政效率，使中央政令迅速下达，唐代建立了公文勾检制度。各行政部门均设勾检官，而以尚书都省左、右丞为最高勾检官，其左丞正四品上，右丞正四品下。勾检官是独立于御史台之外的监察部门。勾检制度对于提高行政效率起着积极的作用，因此为后世所沿承。

综上所述，汉唐时期的监察法制不断发展，对于发挥官僚机构的职能、提高官吏的素质与吏治、贯彻既定方针政策与法令、保证中央集权制下国家机器的运转，都起到了积极作用，对后世监察法制的发展与完善具有重要的史鉴价值。

（原载《人民法治》2017年第4期）

唐代：中国古代监察制度的定型阶段

汉以后，历史进入三国两晋南北朝时期，是我国历史上大动荡、大变乱、大分裂和民族大迁移时期，割据对峙持续数百年。大一统的唐代建立以后，监察制度发展到了典型阶段。唐初统治者从总结历史经验中比较清醒地认识到，监察机关对于维护国家纲纪的作用，因而给予充分的肯定和重视。据《文献通考·职官七》记载："自贞观初，以法理天下，尤重宪官，故御史复为雄要。"唐玄宗在《饬御史·刺史·县令诏》中说："御史执宪，纲纪是司。"睿宗更进一步表示："彰善瘅恶，激浊扬清，御史之职也。政之理乱，实由此焉。"

唐代建立了"一台三院"的监察制度。台是御史台，御史大夫、御史中丞为长官，下设三院，台院、殿院、察院。台院设侍御史四人，掌管京官的司法监察；殿院设殿中侍御史六人，整肃朝会官吏的礼仪；察院，武德初年设监察御史八人，贞观二十二年（648）增至十人，按所设道监察地方官吏。察院是三院中最重要的职能部门。

唐初分全国为十道监察区,由监察御史十人分巡州县。开元二十一年(733)改全国为十五道,监察御史亦增加至十五人。监察御史品秩虽低,但有权以六条巡按州县,百司畏惧,是皇帝的耳目之司。

唐朝官修的《唐律疏议》和《唐六典》,为监察机关的设置、职掌以及监察官的活动提供了大纲大法,加上皇帝临时颁布的有关诏令和专门监察法规,形成了较为严密的监察法网,可以说是唐朝监察制度完备的一个体现。唐朝的监察法以《监察六法》为代表:"其一,察官人善恶;其二,察户口流散,籍帐隐没,赋役不均;其三,察农桑不勤,仓库减耗;其四,察妖猾盗贼,不事生业,为私蠹害;其五,察德行孝悌,茂才异等,藏器晦迹,应时用者;其六,察黠吏豪宗兼并纵暴,贫弱冤苦不能自申者。"

唐《监察六法》既传承了汉《刺史六条》,又根据"义在随时"的原则做了重大发展。主要是监察所及,遍于所有的官僚系统,而不限于地方高官和强宗豪右。除监察官吏是否违法失职外,还涉及户口、赋役、农桑、库存等重要的经济目标。

(原载《学习时报》2018年3月28日第3版)

我国汉唐宋的行政监察制度

中国汉朝的行政监察制度

行政监察主要是监察行政机构贯彻和实施国家法令与各项政策,以及官员有无专断擅权与违法失职。西汉御史府的重要职掌之一,就是"受公卿群吏奏事,违失举劾之"。东汉时,侍御史"掌察举非法,受公卿郡吏奏事,有违失举劾之";司隶校尉"掌察举百官以下及京师近郡犯法者";州刺史"常以八月巡行所部郡国,录囚徒,考殿最",这体现了对于京师与地方官的行政监察,通过监察对官吏做出称职与否的判断。

汉初,地方官拥权自重的现象十分严重,危及中央集权的统治。因此,制定的《御史九条》《刺史六条》,都着重打击二千石不奉诏书、专断擅权的地方高官。

由于皇帝发布的制诏具有最高的权威,因此,"矫制""不奉诏"是行政监察的重点。

为了督励官吏廉洁奉公、勤于职守,在一年一度的全国性上计考核活动中,御史参与审查计簿的真实性,以评定官吏是否称职。宣帝黄龙元年(公元前49)二月,诏曰:"上计簿具文而已,务为期漫,以避其课。……御史察计簿疑非实者按之,使真伪无相乱。"另外,汉代传承"任人而所任不善者,各以其罪罪之"的任官原则。对不称职官员,不仅自身要受惩处,而且举荐人也要承担举荐失误的责任。"有任人以为吏,其所任不廉、不胜任以免,亦免任者。"

中国唐朝的行政监察制度

唐朝是中国古代最重要的朝代,典章制度"莫备于唐",其行政监察制度和监察法制较两汉都有很大发展。

唐朝行政监察首要的是对国家行政机关施政过程的监察。无论是行政决策还是行政执法过程与决策反馈,均有专职监察官从事监察,其对象涉及朝官和地方官。唐朝宰相以下,最主要的行政机关是吏、户、礼、兵、刑、工六部,为监察六部,设监察御史六人为六察官,"分察尚书之司,纠其过失",称为部察。除部察外,监察御史巡按州县对地方的监察称为道察。或由察院临时派出,或定期巡视。

在唐朝行政监察中以察举弹劾官吏的违法失职、怠于政事为法定的常规职掌。太宗《纠劾违律行事诏》中严肃指出:

"自今以后，官人行事与律乖违者，仰所司纠劾，具以名闻。"为了查核官僚的治绩，纠弹不法，为黜陟奖惩提供依据，监察官还参加对百官的定期考课，事实上内外百官的政务实绩早由监察官定期不定期上报，并记录在案。开元二十五年（737）十二月二十四日，命诸道采访使考课官人善绩，三年一奏，永为常式。至二十七年（739）二月七日，又颁敕文："三载考绩，黜陟幽明，允计大猷，以劝天下。比来诸道所通善状，但优仕进之辈，与为选调之资，责实徇名，或乖古义。自今以后，诸道使更不须善状。每三年，朕当自择使臣，观察风俗，有清白政理著闻者，当别擢用。"

为了提高行政效率，使中央政令迅速下达，专门制定了有关文书收发、执行与管理的法律，并且建立了公文勾检制度。各行政部门均设勾检官，而以尚书都省左、右丞为最高勾检官，其左丞正四品上，右丞正四品下。勾检官是独立于御史台之外的监察部门。勾检制度对于提高行政效率起着积极的作用，因此为后世所沿承。

宋朝时期的行政监察制度

宋朝是古代商品经济与对外贸易高度发展的时代，与此相适应，宋朝的法制也较唐朝进一步发展，"读书读律"成为一种风尚。

宋朝行政监察主要表现为对宰相的监察。据《宋名臣奏议》第五十七，刘挚《上哲宗乞议经历付受官吏之罪以正纪纲》中说："肃正纪纲，纠劾不法，自朝廷至州县，由宰相及于百官，不守典法，皆合弹奏。"

宋初，宰相权力虽比较大，但在加强专制主义中央集权政策的推动下，御史弹劾宰相的事件也已不断发生。太祖时殿中侍御史雷德骧竟然弹劾开国功臣宰相赵普"强市人第宅，聚敛财贿"。至仁宗朝以后，御史弹劾宰相层出迭见，不足为奇。如皇祐三年（1051），殿中侍御史唐介弹劾宰相文彦博"守蜀日造间金奇锦，缘阉侍，通宫掖，以得执政"。至和二年（1055），御史中丞孙忭弹劾宰相陈执中"务徇私邪，曲为占庇"。治平四年（1067），御史中丞王陶"奏弹宰相不押常朝班"。大观年间，蔡京为相，御史中丞石公弼与殿中侍御史张克公"论其罪"，蔡京罢相。

作为文官之首的宰相，尽管在专制主义中央集权的背景下，仍然握有较大的行政权，然而却不断地受到御史的弹劾，这是唐朝所未有的，借以抑制相权，减少对皇权的威胁，巩固专制主义的统治。

宋朝延承唐朝的六察制度。元丰六年（1083），各设御史一员分掌六察，六察御史"皆按法举察诸司所施行失当"。六察加强了对行政机关的监督作用，所谓"朝廷以天下事分六曹以治之，都省以总之，六察以案之。六曹失职则都省在所纠，都省失纠则六察在所弹，上下相维，各有职守"。

在行政监察中也涉及纠举官员接受贿赂，贪污腐化、玩弄国家法令等行为，徽宗宣和七年（1125）"诏御史察赃吏"。绍兴元年（1131）高宗下诏"如人吏受赂及故违条限，仍许御史台检举送大理寺，依法断遣，所有京朝官、大使臣亦依此"。地方官有贪赃行为，"委御史台觉察"。

为了防止官司玩忽职守，监察御史还握有对中央机关的"点检权"，定期或不定期至三省、枢密院、六部点检文簿，如发现文书积压，则及时弹奏。元丰三年（1080）五月，御史台点检三司自熙宁八年（1075）至元丰二年（1079）的文簿，发现"不结绝百九十事"。神宗诏令"大理寺劾官吏失销簿罪"。元丰五年（1082）十二月，神宗诏："御史台秋冬季序差御史一员，赴三省点检诸房文字稽滞，毋得干预其事。"次年，诏御史台："每半年轮御史一员，取摘三省诸房簿点检稽滞差失，未有轮差及轩局取之法，诏三省各一员言事察官序差，以本台吏就逐省点检。"如御史失察则予以惩罚，元丰四年（1081）司农寺积压"未了文字二千四百余件，未了账七千余道，失催罚钱三百九十余千,未架阁文字七万余件",监察御史王祖道、满中行二人因未及时弹奏,分别罚铜十斤和六斤。

在行政监察中弹劾朝臣结党是重中之重。宋初,鉴于历代权臣结党专擅朝政的历史教训,严防朝臣结党。咸平初年(998),真宗指出:"闻朝臣中有交结朋党、互扇虚誉,速求进用者。人之善否,朝廷具悉,但患行已不至耳。浮薄之风,诚不可长。"并颁布诏书令御史台随时纠察。仁宗时,驸马都尉常子权臣私第往还,为此特别颁诏:"附马都尉自今毋得于清要权势官私第往还,仍令御史台察视之。"仁宗景祐三年(1036),权知开封府范仲淹因被侍御史韩渎弹劾交结朋党,加之宰相吕夷简的排挤,被贬出知饶州。由于朝臣结党为皇帝所深忌,因此成为监察官严加弹劾的对象。

(原载《人民法治》2017年第6期)

我国明朝的行政监察制度

明朝是专制主义极端发展的朝代,从朱元璋立国时起,便将行政监察列为监察的主要任务,涵盖中央与地方各级机关并以纠劾官邪与照刷文卷为主。洪武二十六年(1393)规定,都察院职专"纠劾百司,及应不公不法等事"。

另据《纠劾官邪规定》,监察御史对于文武大臣奸邪,小人结党为非,擅作威福,紊乱朝政者;百官有司,猥琐阘茸、善政无闻、肆贪坏法者,学术不正、上书陈言变乱成宪、希求进用者;但有见闻,即应不避权贵,随即具奏弹劾。在《巡抚六察》中以清吏治列为首。在《巡按七察》中属于整饬吏治的有四条,即:正官风、劾官奸、清属吏、正法纪。地方官中如有扰害善良,贪赃坏法,致令田野荒芜,民人受害,监察官一旦体访得实,即可具奏提问。正统四年(1439)规定:"凡风宪任纪纲之重,为耳目之司,内外大小衙门官员,但有不公不法等事,在内从监察御史,在外从按察司纠举。"

为了严肃监察官的责任,使弹劾的事项确有实据,要求监察官纠举之事，须著明年月，指陈实迹，明白具奏。若搜求细事，及纠言不实者，抵罪。监察官如"知善不举，见恶不孥"，"杖一百，发烟瘴地面安置"。如"滥举四人以上者革职闲住，二人以上者降一级调外任，一人者罚俸半年"。

照刷文卷也是行政监察的重要内容之一。照刷文卷是指都察院通过审查各衙门文卷而实施的书面监察，是行政监察的一项重要内容。根据洪武二十六年（1393）《宪纲》的规定，照刷文卷有严格程序："凡监察御史并按察司分司巡历去处，先行立案？令各该军民衙门抄案，从实取勘本衙门并所属有印信衙门，合刷卷宗。分豁已未照刷，已未结绝。号计张缝，依左粘连刷尾。同具点检单目并官吏不致隐漏结罪文状，责令该吏亲赍赴院，以凭逐宗照刷。"经过照刷，分为照过、通照、稽迟、失错和埋没五种。"如刷出卷内，事无违枉，俱已完结？则批以照过。若事已施行，别无违枉，未可完结，则批以通照。若事已行，可完而不完，则批以稽迟。若事已行已完，虽有违枉而无规避，则批以失错。若事当行不行，当举不举，有所规避，如钱粮不追，人赃不照之类，则批以埋没。各卷内有文案不立，月日颠倒，又在乎推究得实，随其情而拟其罪。"

正统四年（1439）定："凡在京大小有印信衙门，并直隶卫所府州县等衙门，在外各都司、布政司、按察司文卷，除干碍军机重事不刷外,其余卷宗,从监察御史每岁一次,或二岁三岁一次照刷。五军都督府、六部、大理寺,令该吏具报事目。太仆寺、通政司、光禄寺、鸿胪寺、国子监、翰林院、各卫,令首领官吏具报。其余衙门,正官、首领官通署呈报,以凭查刷。都察院堂上及各道文卷,俱照例送刷。中间干碍追究改正事理,照依已定行移体式施行。如有迟错,其经该官员应请旨者,奏请取问,其余官吏就便依照刷文卷律治罪。其各都司、布政司、按察司所属卫所府州县等衙门文卷,从本处按察分司照刷,若有迟错,一体依例施行。其照刷之际,务要尽心,若有狱讼淹滞,刑名违错,钱粮埋没,赋役不均等项,依律究问。迟者举行,错者改正,合追理者,即与追理,务要明白立案,催督结绝。不能尽职者,监察御史从都察院,按察分司从总司,体察奏闻究治。"

宣宗时,曾谕左都御史刘观:"中外诸司文卷,已遣御史照刷。其内府诸衙门皆有钱粮出纳,近闻其弊甚多,即选能干御史率监生,于东华门庑下,取各监文卷,详加磨勘。"

明朝详定照刷之法,对于提高行政效率,发现违失不法及时纠治起了重要的作用,也使得监察官的行政监察更加具体有据,明朝的照刷法给清朝提供了范例。

(原载《人民法治》2017年第7期)

清朝的行政监察制度

清朝是末代封建王朝,行政监察最为完备的朝代。按清制,都察院率六科、十五道职掌稽察中外各衙门政务。其大体分工是:六科分别稽察吏、户、礼、兵、刑、工六部,吏科兼察顺天府,礼科兼察宗人府、理藩院、太常寺、光禄寺、鸿胪寺、国子监、钦天监;兵科兼察太仆寺、銮仪卫;刑科兼察通政使司、大理寺及河南道刷卷。

十五道中,京畿道稽察内阁、顺天府大兴县、宛平县;河南道稽察吏部、詹事府、步军统领衙门、五城;江南道稽察户部、宣课司、宝泉局三库、左右两翼税务衙门、在京十三仓;浙江道稽察礼部、都察院;山西道稽察兵部、翰林院、六科、中书科、总督仓场、坐粮厅、大通桥监督、通州二仓;山东道稽察刑部太医院;陕西道稽察工部、宝源局;湖广道稽察通政使司、国子监;江西道稽察光禄寺;福建道稽察太常寺;四川道稽察銮仪卫;广东道稽察大理寺;广西道稽察太仆寺;云南道稽察理藩院、钦天监;贵州道稽察鸿胪寺。可见在京各衙门,除军机处以外，均在科道稽察范围之内。其中六部、宗人府、理藩院、通政使司、各寺监及顺天府，还接受科、道双重稽察。

清朝统治者对于明代官僚结党的弊害深恶痛绝。一再要求科道官员要"公正无偏"，不避权贵，勇于举劾官吏中结党攀缘之习。对于"自皇子诸王及内外大臣官员有所为贪虐不法，并交相比附倾轧党援，理应纠举之事，务宜大破情面、据实指参，勿得畏怯贵要，瞻徇容隐"。同时，严禁各衙门大小官员私交私宴及庆贺馈送，违犯者科道官应指名特纠，敕吏部从重议罪，失纠者一并严处。

为了保证科道监察官忠于职守和举劾的独立性与保密性，要求上密奏者，不谋于人，不泄于外，否则予以议处。为使密奏直达御前符合保密要求，特别规定："言官题奏应密不密者，罚俸六月。"密折奏事是对科道官纠举弹劾他官不法行为的保护性措施，也体现了科道官只对皇帝负责，为皇帝耳目之司的作用。

为加强各衙门的行政效率，清廷赋予都察院督催、注销案卷的权责。所谓督催，即督促检查各行政机关所承担的公务是否如期完成。所谓注销，就是及时办理所承担事项的注销手续，以示了结。督催、注销制度在清朝十分完备，从机构设置、办事程序，到督催内容标准及处治办法都有明确规定。顺治十八年（1661）上谕："今各部一切奉旨事件及科抄俱定有限期，六科按月察核注销。其余不系奉旨事件及无科抄者,若不专令稽察,必致稽迟。除刑部已差科员稽察外,吏、户、礼、兵、工五部,亦应照刑部例,各差科臣一员,不时稽察。如有迁延迟误,即行参奏,仍于差满未交代之前,将已完、未完事件明白具奏。"康熙十六年(1677)上谕:"向来各衙门事件关系重大者,虽有定限赴科道稽察,但事有易结者即宜速结,必俟限满方行题覆,多致壅滞。更有各项呈状不系注销者,任意耽延,借端拘提人犯,数月不为审结,无辜牵连,殊堪悯恻。以后具题本章,俱著速行料理,不必尽拘定限。至于审理事件亦速为完结;著照注销钦件例定限,每月造册赴都察宪、科道稽察具奏。"

  清朝行政监察最显著的发展是监察法的完备。五朝(康雍、乾嘉、光绪)会典是清朝的大经大法尽管诸法合体的架构,使其中杂有刑事,诉讼之法外,更多的是行政法规的汇编。除含典外各部院监寺则例均属行政立法成为行政监察的重要依据。特别值得提出的是在因袭时代《宪纲条例》的基础上,结合清朝的实际国情创制的《钦定台规》,是中国封建社会最后也是最完备、最具代表性的监察法典。其中详列对部院和地方诸多的监察以及对各部院文件和日常法务的监察。

(原载《人民法治》2017年第8期)

廉政法制：中华法制文明的亮色

中国古代的廉政法制建设是中华法制文明的重要内容。自夏朝立国以来，廉政问题一直是统治者关注的焦点，被视为治国理政的保证。以古为鉴，可知兴替。总结和研究中国古代的廉政法制建设具有一定的现实借鉴意义。

惩贪之法成为廉政法制建设的基石

实现廉政最重要的在于制度保障，如惩贪的立法、慎选贤才的铨选以及考课、监察等各项制度相互为用，共同以廉政为目标，在历史上曾取得了积极的效果。也正因如此，中国古代各朝都把完善各项制度作为廉政建设最重要的保障。

历代惩贪之法辗转承袭，规范不断完备，量刑注意情节，其因革损益都反映了特定的历史条件，着眼点都在于整饬吏治保证廉政。惩贪之法在不同时期不同程度上起到了应有的作用，成为廉政法制建设的基石。

厚俸对养廉具有一定的积极意义，成为廉政的辅助手段

中国古代的俸禄制度，始于战国时期，是封建官僚制度的一项重要内容，是国家用以酬劳官吏治国理政劳绩的一种报酬。所谓"主卖官爵，臣卖智力"。以清朝为例，清朝官制沿袭明朝九品十八级之制，内外官员无论满汉均按官品发给俸禄。自一品到九品至未入流，共分十个等级，一品最高180两，二品155两，三品130两，四品105两，五品80两，六品60两，七品45两，八品40两，正九品33两，从九品及未入流只有31两。京官有俸银、禄米和恩俸，外官有俸银、"养廉银"，而无禄米。俸禄的厚薄与官吏的廉贪虽无必然的因果关系，但在不同时期不同的条件下对廉政法制建设也会产生一定的影响。譬如俸薄的明朝，一些小官不得不借贪掠以救贫，这便是俸禄过薄所造成的。清朝正是从明朝教训中采取了"养廉银"和京官双俸的补救措施。与明朝的薄俸相反，汉唐宋三朝的俸禄较为优厚，相对而言贪官较明清为少。这里也体现了"仓廪实，则知礼节；衣食足，则知荣辱"的道理。由此可见，厚俸对养廉具有一定的积极意义，是廉政的辅助手段。

国家的舆论导向和官员的个人道德、品格的修养也起到重要的作用

除制度保障外,国家的舆论导向和官员的个人道德、品格的修养也起到重要的作用。在中国古代,廉政问题被看作事关国家兴亡和为政的根本。如同清朝的顺治皇帝在即位诏书中所说:"国之安危,全系官僚之贪廉。官若忠廉,则贤才向用,功绩获彰,庶务皆得其理,天下何患不治。官若奸贪,则贿赂肆行,庸恶幸进,功过冒赏,巨憝得以漏网,良善必至蒙冤,吏胥舞文,小民被害,政之紊乱,实由于此。"

汉以后,在儒家思想主宰下对官员提倡正心修身,上不负君、下不负民的道德修养,以养成"富贵不能淫、威武不能屈、贫贱不能移"的高尚情操,也确实出现了千古传颂的清官廉吏。例如,东汉时以不畏强权著称的强项令董宣,死时"唯见布被覆尸……有大麦数斛,敝车一乘"。光武帝十分感伤,赞曰"廉洁"。三国时,以"鞠躬尽瘁,死而后已"为人称道的诸葛亮,在遗表中说:"臣死之日,不使内有余帛,外有赢财,以负陛下。"宋时,以清官著称的包拯离任时,当地以砚相送,但其严词谢绝,并明立家规:"后世子孙仕宦,有犯赃者,不得放归本家,死不得葬大茔中。不从吾志,非吾子若孙也。"明代著名清

官海瑞，卒时"葛帏敞籝，有寒士所不堪者，因泣下，醵金为敛"。清康熙时，于成龙官至河道总督，"死后，遗物唯故衣破靴，瓮米数斛，盐豉数盎"。康熙曾钦赐于成龙"清官第一""实天下廉吏第一"的称号。乾隆时，徐士林官至巡抚，死时"囊箧萧然，一无所有"。乾隆帝赞他为"良臣"，表示"切切含悲，不能自已"。

由于中国古代社会基本的政治制度是君主专制，民众只是国家权力监控的对象，而无监控国家权力的权利，而国家权力结构是以君主为顶点的自上而下的金字塔结构，各级官吏的权力都依附于君权而存在。因此，有效的权力制约是不可能出现的。虽然各级官吏的权力依附于君权而存在，不具有独立性，但君主一人又无法完全控制各级官吏。因此，理论上的君主专制在实践中必然存在官吏对君权的僭越与侵夺，"天高皇帝远"和"上有政令、下有对策"就是君主专制制度的必然结果。对此，清朝的郭嵩焘有较为清醒的认识，"汉唐以来，虽号君主，然权力实不足，不能不有所分寄。故西汉与宰相外戚共天下，东汉与太监名士共天下，北宋、南宋与外国共天下，元与奸臣番僧共天下，明与宰相太监共天下，本朝则与胥吏共天下"。缺乏有效监控的权力必定会被滥用，腐败也必将随之产生。

虽然中国古代社会的监察立法相当发达，监察组织也比较完善，但由于监察权直接附属于皇权，因此，监察机关及其成员只是专制君主安插在官僚体系中的"耳目之司"。监察机关权力的大小往往视专制君主的信任程度和主观好恶而定，不具有独立性，这就从根本上制约了其作用的发挥。同时由于在君主专制政治中，一个官吏的升调或黜陟主要操纵于上级官僚机构，而与其实际政绩或社会评价之间不存在必然的联系，并且在这种情况之下，权力之间的监督极易转化为一种权力之间的合谋，即通常所说的上下联手，官官相护。因此，中国古代惩治官吏腐败立法的完善并不能持续有效地遏制官吏贪赃枉法现象的产生和发展，吏治的清明也只能是一种短暂、一时的现象，而吏治的腐败则是长期、必然的现象。总之，君主专制制度既是腐败的制度根源，也是廉政建设最大的制度障碍。

（原载《北京日报》2019年3月18日第15版；
《人民法治》2019年第3期转载）

惩贪立法
——廉政法制建设的基石

惩贪立法是中国古代刑事法律的基本组成部分,也是维持廉政、打击贪腐的重要措施。

早在皋陶造律时,便以贪污作为三大罪之一。史载:"恶而掠美为昏,贪以败官为墨,杀人不忌为贼。"其中的"墨",便是指官员的贪赃行为。继夏而起的商朝,总结夏亡的教训,有针对性地制定了"官刑"以"儆于有位"。西周时制定的《吕刑》,标志着中国奴隶制时代治官之法的重要发展。

进入战国,官僚制度取代了世卿制度,出现了任官之法、上计之法,以及玺符、俸禄等一系列制度。就惩贪之法而言,李悝所撰《法经》中有"假借不廉"和"受金"等罪名及惩罚办法。自商鞅变法至秦统一,以法惩贪开始细化。

两汉魏晋时期,惩贪立法不断充实。汉时,对主守官与监临官犯赃区别用刑。"主守而盗直十金,弃市";"监临官受其官属所赠饮食,计偿费,勿论;受财物,夺爵为士伍,免之;

无爵，罚金二斤，令没入所受"。此外，也制裁行赇者。魏律十八篇中，专列"请赇""偿赃"两篇，此外还有"呵人受钱"之令、"使者验贿"之科。这一方面标志惩贪之法在刑法中比重加大，另一方面也反映了官吏犯赃现象的普遍。晋时注释法律盛行，使贪赃受贿的概念趋于规范化，如"货财之利，谓之赃""以罪名呵人为受赇"等，其影响及于后世。

至唐朝，唐律中，赃罪已有六赃之分。六赃之中，有关官吏贪赃枉法的规定是："监临主司如受财枉法，一尺杖一百，一匹加一等，十五匹则绞。受财而尚未枉法者，一尺杖九十，二匹加一等，三十匹加役流。"此外，监临官收受其管辖区居民的财物、猪羊供馈，或役使其所辖区居民等，都以贪污论罪。此外，唐律也惩罚行贿者，但轻于受贿者。唐律对监临主司的处罚较一般官吏要重，而且官吏倚仗权势牟利的一切行为，均属赃罪。同时，唐朝统治者以隋为鉴，严禁擅自兴造。《擅兴律》规定：无法令明文而擅自兴造及征发徭役者，十庸以上按贪污罪论；工程兴造所耗财物、人力申报不实者，笞五十，严重者以贪污罪减一等论。

宋初，统治者严惩贪墨之罪以督励百官奉法执法。官吏受赃者，或弃市，或杖毙于朝，或刺配沙门岛。贪赃枉法之官，不适用请、减、赎、官当之法。以赃论罪之官，虽遇赦不得叙，永为定制。

明朝建立后,为惩治赃吏,《大明律》首列六赃图,并专列"受赃"目。此外,在"户律""课程""盐法"中均有惩治官吏贪污的规定,且处刑较唐律为重。明律中惩治官吏贪污罪的条目,较唐宋律更加具体。如,官吏受财细化为:事后受财;有事以财请求;在官求借贷人财物;家人求索;风宪官犯赃;因公擅科敛;等等。官吏因赃除名罢免之后不再叙用,这与唐律中因赃免官经过一定年限仍可降级使用有所不同。尤其是对于官与吏受财分别详注,反映了对于吏为非作歹的重视。至于职掌纠弹百官之权的"风宪官"御史,如犯赃则从重论。

清初严惩贪墨,在《大清律集解附例》中对于官吏受财除计赃科刑外,还区分官与吏、有禄与无禄、枉法与不枉法分别处刑。如"枉法赃至八十两,绞;不枉法赃一百二十两,止杖一百,流三千里"。乾隆五年(1740)《大清律例》成,仍以六赃图列于卷首,内含监守盗、常人盗、坐赃、枉法、不枉法、窃盗等。枉法赃五十两,流三千里杖一百,有禄人八十两绞,无禄人一百二十两绞。不枉法赃与坐赃一百二十两,流三千里杖一百,一百二十两以上绞。乾隆二十三年(1758)鉴于惩治贪官不力,遂废除雍正帝时制定的完赃减等之例,并将该例从《大清律例》中删除。嘉庆即位之初,因财政空虚恢复了雍正三年（1725）的完赃减等例，并规定："一年限内不完，死罪人犯永远监禁。"有清一代书吏舞文作弊的现象极为严重，《大清律例》由此增加了书吏犯赃罪的惩罚条款。

综上可见，历代惩贪之法辗转承袭，规范不断完备，量刑注意情节，其因革损益都反映了特定的历史条件，着眼点都在于整饬吏治。惩贪之法在不同时期、不同程度上起到了应有的作用，成为廉政法制建设的基石。

（原载《人民法治》2016 年第 11 期）

廉政舆论
——廉政法制建设的先导

早在《周礼·天官冢宰》中便提出"将廉为本",以考察官府的政绩:"一曰廉善,二曰廉能,三曰廉敬,四曰廉正,五曰廉法,六曰廉辨。"据《周礼疏解》"廉者系不滥浊也",而善、能、敬、正、法、辨则为官府的六计,而六计各贯以"廉",说明廉政已成为官府政绩的核心价值。

另据《春秋》记载,鲁大夫御孙曾以"俭,德之共也;侈,恶之大也"进谏庄公,其意在于期盼庄公由上而下地施行廉俭。

春秋战国时期法家登上政治舞台以后,为了推进改革的成果,巩固新建立的政权,更加注意廉政建设。管仲曾将廉政问题提到关系国家兴亡的高度,他说:"礼义廉耻,国之四维,四维不张,国乃灭亡。"晏婴在应对景公所问"廉政而长久,其行何也?"时说:"其行,水也,美哉,水乎清清。其浊无不雩途,其清无不洒除,是以长久也。"又说"廉者政之本也"。韩非在论证廉的价值时,指出:"廉,外则可以大任,少欲则能临其众。"

汉初,文帝在劝民诏书中强调指出,"廉吏,民之表也"。

唐贞观二年(628),太宗曾对侍臣说:"朕尝谓贪人不解爱财也。至如内外官五品以上,禄秩优厚,一年所得,其数自多。若受人财贿,不过数万。一朝彰露,禄秩削夺,此岂是解爱财物?规小得而大失者也。"他还从总结古今得失的角度强调,历代"为主贪,必丧其国;为臣贪,必亡其身"。

宋代名臣包拯则从廉贪对立的角度,强调"廉者,民之表也;贪者,民之贼也"。宋人真德秀也指出:"廉者士之美节,污者士之丑行。士之不廉,犹女之不洁。不洁之女,虽功容绝人,不足自赎。不廉之士,纵有他美,何足道哉!"

明宋缪认为世之廉者可分三个层次:"有见理明而不妄取者;有尚名节而不苟取者;有畏法律保禄位而不敢取者。见理明而不妄取,无所为而然,上也;尚名节而不苟取,狷介之士,其次也;畏法律保禄位而不敢取,则勉强而然,斯又为次也。"

明末清初思想家王夫之在《读通鉴论》中,从史鉴高度,论证了"贿赂之败国家,如鸩之必死,未有能生之者也"。

清朝康熙帝曾言:"治国莫大于惩贪。"雍正帝进而论证说:"国之安危,全系官僚之贪廉。官若忠廉,则贤才向(可)用,功绩获彰,庶务皆得其理,天下何患不治。官若奸贪,则贿赂肆行，庸恶幸进，功过冒赏，巨憝得以漏网，良善必至蒙冤，吏胥舞文，小民被害，政之紊乱，实由于此。"

《清碑·官箴》所载："吏不畏吾严而畏吾廉，民不服吾能而服吾公。公则民不敢慢，廉则吏不敢欺。公生明，廉生威。"其中，"廉生威"之言来自汉董仲舒"至廉而威"，在官场的影响颇为广泛。

清人王永吉还论证了居上位者廉，会起到上行下效的作用，他说："大臣不廉，无以率下，则小臣必污；小臣不廉，无以治民，则风俗必坏。"

历代思想家、政治家除从总体上论证廉政对于治国理政的重要价值外，还将廉与平、廉与俭、廉与洁、廉与勤联系起来一并考察，形成了丰富的廉政文化内涵。

廉平论者如下："吏不廉平，则治道衰。""临官莫如平，临财莫如廉，廉平之守，不可攻也。""廉平之德，吏之宝也。""惟廉而后能平，平则公矣。不廉必有所私，私则法废，民无所措手足矣。"

廉俭论者多以俭为廉之本，能俭斯能廉，如："非俭无以养廉，非廉无以养德。""居官之所恃者，在廉。其所以能廉者，在俭。"

至于"廉洁"二字连用，始见于《楚辞·招魂》："朕幼清以廉洁兮。"据王逸注:"不受曰廉,不污曰洁。"

综上可见,中国古代廉政思想的丰富,议论的恢宏,形成了绚丽多彩的廉政文化,成为影响广泛的社会舆论,指导着廉政法制的建设。中国古代的廉政文化是植根于中华民族本土土壤之上的,它具有民族性的特点,也是衡量中国古代政治、法律文明的一种尺度。

(原载《人民法治》2016年第10期)

辑 四

中国古代的司法镜鉴

- 中国古代国情背景下的司法制度
- 古代司法文明的人文关怀：法、理、情的联通
- 判词与文风密不可分
- 以五声听狱讼
- 中国古代司法中的"罪刑法定"
- 调解息讼的司法传统与崇尚和谐的中华民族精神

中国古代国情背景下的司法制度

中国古代是以农业立国的、以儒家学说为主导的、统一多民族的专制主义国家。固有的国情因素决定着国家的各项政治制度、法律制度建设,其中也包括司法制度。

中国是法制文明发达最早的国家之一,在四千多年的法制发展过程中,司法制度达到了相当完备的程度,形成了与国情因素密切相关的特色与发展的规律性。

司法与农本主义的国策

自商鞅变法奖励耕战以后,农本主义便成为历代奉行的国策,而中国所处的内陆性的地理环境又为农本主义政策的实施提供了客观条件。在中国古代立法中,保护与管理农业生产一直是重要的内容。公元前4世纪的《秦律·田律》规定:"春二月,毋敢伐材木山林及雍(壅)堤水。不夏月,毋敢夜草为灰,取生荔、麛(卵)鷇,毋□□□□□毒鱼鳖,置穽罔(网),到七月而纵之。唯不幸死而伐绾(棺)享(椁)者,是不用时。邑之紤（近）皂及它禁苑者,麛时毋敢将犬以之田。百姓犬入禁苑中而不追兽及捕兽者,勿敢杀追兽及捕兽者,杀之。河（呵）禁所杀犬,皆完入公；其他禁苑杀者,食其肉而入皮。"

此外,《秦律》中仓律、厩苑律也有农业管理方面的立法。

正如春夏之季重农时,"毋作大事"一样,非刑事案件司法机关不受理诉讼。《礼记·月令》所载："仲春之月,……命有司,省囹圄,去桎梏,毋肆掠,止狱讼。"这可以说是后世务限法的渊薮。早在唐《杂令》中便规定："诸诉田宅、婚姻、债负,起十月一日,至三月三十日检校,以外不合。若先有文案,交相侵夺者,不在此例。"至宋代,《宋刑统·户律》特设婚田入务门,并引唐《杂令》,并附参详："所有论竞田宅、婚姻、债负之类,取十月一日以后,许官司受理,至正月三十日住接词状,三月三十日以前断遣须毕,如未毕,具停滞刑狱事由闻奏。如是交相侵夺及诸般词讼,但不干田农人户者,所在官司随时受理断遣,不拘上件月日之限。"可见,宋代于农历每年二月初一开始入务,至九月三十日出务,在务限期内不得受理民事诉讼,以免妨碍农事。

至清代,《大清律例》关于务限的规定更为具体："每年自四月初一日至七月三十日,时正农忙,……其一应户婚、田土等细事,一概不准受理。自八月初一以后,方许听断。若农忙期内受理细事者,该督抚指名题参。"但《大清律例》条例也做出以下变通规定:"州县审理词讼,遇有两造俱属农民,关系丈量踏勘有妨耕作者,如在农忙期内,准其详明上司,照例展限至八月再行审断。"在非放告期内,"若查勘水利界址等事,现涉争讼清理稍迟必致有妨农务者,即令各州县亲赴该处审断速结"。

此外,如发生抢亲、赖婚、强娶、田地界址、买卖未明等纠纷,"若不及早审理,必致有争夺之事"[①],影响社会秩序,则不受受理期间的限制。这说明清朝统治者从实践中认识到细故如不及时解决,也会酿成事端。因此,凡告"婚姻、田宅等事不受理者,各减犯人罪二等,并罪止杖八十。受财者计赃,以枉法从重论"。同时也禁止州县官于隆冬岁暮之际,"照农忙之例,停讼展限……违者照例揭参"。

司法与统一的多民族国家的构成

中国自秦汉以来便形成了统一的多民族国家,少数民族聚居地区或少数民族与汉族杂居地区的法律纠纷,多采取因俗而

---

① 〔清〕黄六鸿:《福惠全书》卷二〇,第8—10页。

治的司法原则。至唐朝,在总结治理少数民族经验的基础上,形成了"诸化外人,同类相犯者,各依本俗法,异类相犯者,以法律论"的条款,律疏中特别注明:"'化外人'谓蕃夷之国,别立君长者,各有风俗,制法不同。其有同类自相犯者,须问本国之制,依其俗法断之。"由此开创了在统一的多民族国家中,不同的民族在司法活动中可以适用本民族法律的先河,其影响极为深远。

清朝是统一的多民族国家高度发展时期,民族立法取得了超越历代的成就,成为清朝法律体系中的重要组成部分,清朝的司法制度也突出地反映了统一的多民族国家的国情。

以蒙古地区为例,根据理藩院则例,蒙古地区建立了特定的司法体制。如有关钱债、牲畜、水草牧地、户籍、婚姻等民事案件,先由扎萨克审理,扎萨克不能决,则上报盟长共同审理。若扎萨克判断不公正,当事人可向盟长呈诉。扎萨克、盟长俱不能决,可将全案上交理藩院。如扎萨克与盟长均判断不公,亦准当事人赴京师向理藩院呈诉。凡清廷派驻有司官的旗,则由司官会扎萨克共同审办。蒙古内属者之案,由司官审拟之后,再听将军、都统、大臣复核。蒙古人与其他边民发生之案,由扎萨克、司官与地方州县官会审,再由将军、都统、大臣与总督、巡抚复核。凡内蒙古的案件由热河都统、察哈尔都统、盛京将军等与地方督抚复核；外蒙古的案件由乌里雅苏台将军复核。

凡罪至发遣者，先报理藩院，再由理藩院会同刑部判决。死罪则由理藩院会三法司定谳，分别立决、监候。秋审时，蒙古斩绞监候人犯由刑部分送招册，九卿会同理藩院议奏，理藩院尚书、侍郎均参加秋审大典。

在审判中以罚代刑和入誓，最能反映蒙古地区司法的特点。以罚代刑是根据案情轻重罚以不等数量的牲畜，无力交纳者以鞭折赎。入誓源于蒙古习惯法，"凡不招承应死重罪，无证佐，可疑之犯令其发誓"，即由当事人头顶佛经宣誓，保证所言所供真实可靠，如以后发觉虚假之处，加重判罪。"凡案犯斩、绞、发遣以及应罚牲畜等罪，如临时未经破案，事后经官访出或被人告发到案，案情确凿，而本犯坚不承认，事涉疑似者入誓。如肯入誓，仍令该管旗佐领等加具保结，不肯入誓者，即照访出、告发案情科罪。"凡不敢入誓者，则认为犯罪属实。

"凡台吉应罚牲畜，称无力完交者，由该管旗章京入誓完结，其蒙古官员以下照例折鞭发落。"

"应入誓之人，系已、未管旗王、贝勒、贝子、公、额驸及扎萨克台吉等，免其本身入誓，由该管旗章京入誓。台吉、塔布囊官员等仍令本身入誓。"

对蒙古地区的法律适用原则，理藩院则例规定，凡办理蒙古案件，如蒙古例所未备者，准照大清律办理。蒙古处分例无专条准咨取吏、兵、刑等部则例比照引用。

清初，汉人在蒙古地区犯法，依大清律办理；蒙古人在汉人辖区犯法，依蒙古例办理。但随着蒙汉混居日益普遍，继续适用属人主义的原则已不能涵盖复杂的犯罪现象，遂对蒙古地区蒙汉共同犯罪的处罚进行了补充规定。

（1）蒙古民人互相偷窃。乾隆十四年（1749）六月上谕："理藩院奏请更定民人行窃蒙古律文甚是。向来蒙古与民人互相偷窃治罪之案，定例原未周详。蒙古行窃，从重治罪者，盖因蒙古居住，并无墙垣防卫，易于被窃，是以从重定拟。若民人在蒙古地方，偷窃蒙古牲畜，其易于行窃，与蒙古何异。现今蒙古偷窃民人牲畜，治以重罪，而民人偷窃蒙古牲畜，从轻杖责发落，殊未平允，况窃匪巧诈。蒙古因见民人治罪甚轻，或贿令民人承认者有之，民人或教令蒙古行窃，而代为承认者有之。凡在蒙古地方行窃之民人，理应照蒙古律治罪。如谓新定例不无过重，则蒙古之窃蒙古，照蒙古例。蒙古之窃汉人，照汉人例，始为允当。但蒙古地方辽阔，部落蕃孳，俱赖牲畜度日，不严加治罪，何所底止。今将汉人之窃汉人，仍照汉人例；汉人之窃蒙古，照蒙古律，则窃盗自必渐少，而立法亦属平允。

著照理藩院所奏，将律文更定。即行文沿边驻剳界连蒙古地方之督、抚、将军等。令其通行晓谕。嗣后民人有在蒙古地方行窃者，即照现定律文，从重治罪。"

(2) 蒙古民人共同盗劫。嘉庆二十三年（1818）二月，"谕内阁，向来蒙古风气淳朴，遇有过犯情节，本不甚重，是以蒙古条例较刑律为轻。近来内地无赖游民，潜赴蒙古地方，引诱蒙古人肆行不法，盗劫之案日多。嗣后蒙古人犯事，如无民人在内者，仍照蒙古例办理。若案内有一民人，均照刑律问拟。著理藩院通行传谕各蒙古部落。俾知儆戒"。

(3) 蒙古伙同民人抢劫。刑部奏定："蒙古抢劫之案有民人在内者，请先令承审官分别是劫是抢，照刑例强盗各条及抢夺拦抢各条，分别治罪。似此引例纷繁，转滋淆混，正所谓科条既备，民多伪态，无所措手足矣。嗣后蒙古地方抢劫案件，如俱系蒙古人，专用蒙古例；俱系民人，专用刑律；如蒙古与民人伙同抢劫，核其罪名，蒙古例重于刑律者，蒙古与民人俱照蒙古例问拟；刑律重于蒙古例，蒙古与民人俱照刑律问拟。著为令。"

(4) 道光二十年（1840）又定，蒙古人在汉人辖区犯罪，照《大清律例》办理；汉人在蒙古地区犯罪，适用《蒙古条例》，体现了属地主义原则。由属人主义向属地主义转化，反映了蒙汉杂居与相互往来日益加强的时代特点。

上述因族因俗制宜的司法原则不仅适用于蒙古地区,也适用于回疆与西藏。根据《回疆则例》,普通刑事诉讼,以固有的伯克官为第一审级。涉及婚姻、继承、家庭、债务等民事案件和轻微的刑事案件,由清真寺阿訇调解。"回俗阿訇为掌教之人,凡回子家务及口角、争讼事件,全凭阿訇一言剖断,回子无不遵依。"

西藏地区则由固有的噶伦、宗本执行一审的司法权,但为确保朝廷对司法权的控制,以巩固统一的多民族国家,《回疆则例》规定:参赞大臣为第二审级,是清朝在回疆的最高审判机关,主要复审地方重要刑事案件。伊犁将军为第三审级,有权再次审理和复核回疆地区重要刑案。西藏地区则强调驻藏大臣对西藏民刑案件的最高审判权。根据《钦定藏内善后章程二十九条》:"卫藏唐古忒番民争讼,分别罚赎。将多寡数目造册,呈驻藏大臣存案。如有应议罪名,总须禀明驻藏大臣核拟办事。其查抄家产之例,除婪索赃数过多应禀明驻藏大臣酌办外,其余公私罪凭公处治,严禁私议查抄。"

司法与专制主义的政治制度

自秦始皇统一六国,便建立了封建专制主义的政治制度,皇帝居于至高无上的地位，握有最高的司法权。秦以后历代皇帝均严格控制最高的司法权与死刑的最后裁决权。由于皇帝是封建国家最高的行政首脑，因此皇帝控制最高司法权是行政干预司法、司法权附庸于行政权最集中的体现。除皇帝外，朝廷中的行政高官也握有不等的司法权，明清参与九卿会审的大员多为行政官员，而九卿会审却是死刑复核的最后程序。

地方州县临民之官，既是行政长官也是司法长官，二者合二而一。

中国古代司法与行政不分是由专制主义的政治制度决定的。司法权依附于行政权的结果，总体上丧失了应有的独立性，也没有专职的职业法官。明清时期的刑名幕吏只不过是长官的佐治，而非司法官员。

需要指出的是，皇帝虽然掌握死刑的决定权，但因事关社会安定，亦颇为慎重。以清朝为例，康熙二十二年（1683）康熙帝曾就秋审下谕："人命事关重大……情有可原，即开生路。"康熙四十年（1701）康熙帝在诏书中再次表露了他对秋审的重视和对刑部的批评："朕详阅秋审重案，字句多误，廷臣竟未察出一二，刑部尤为不慎，其议罚之。"雍正三年（1725）雍正帝在上谕中自称："临御以来，钦恤刑狱，每遇法司奏谳，必再三复核，惟恐稍有未协。"乾隆十四年（1749）乾隆帝下谕，改秋审三复奏为一复奏,强调指出:"各省秋审亦皆三复奏,自为慎重民命,即古三刺三宥遗制,谓临刑之际,必致详审不可稍有忽略耳,非必以三为节也。朕每当勾决之年置招册于傍,反复省览,常至五六遍,必令毫无疑义,至临勾时,犹必与大学士等斟酌再四,然后予勾,岂啻三复已哉。若夫三复,本章科臣匆剧具题,不无亥豕,且限于时日,岂能逐本全览,嗣后刑科复奏,各省皆令一次。"

由于司法是否公正关系到社会的安定,因此历代均借助监察机关进行必要的司法监察。早在秦统一后便于郡设置专职监察官——郡御史,驻郡监郡。唐朝御史台设监察御史,作为皇帝耳目之司,派出巡按地方,而以纠视刑狱为首要职责。由唐迄清所颁布的监察法规中,司法监察均为核心内容。但是封建时代的司法监察是专制制度下的一种机制,往往受制于皇帝的意志,因而其积极作用是有限的。

除监察御史执行司法监察外,在司法运作机制中所推行的"狱司推鞫,法司检断,各有司存,所以防奸",也起着相互制衡、相互监督的作用。

在封建专制主义的政治体制下,重公权轻私权,司法以维护君权和国家统治为首要任务,对于民间的财产纠纷则视为细事、细故,因此统治者思考的是制定打击危害君权和国家统治的刑法，以消弭各种犯罪；至于民事法律，除国家制定必要的条款外，更多的是赋予形式多样、流行宽广且具有一定权威性的习惯法以调整民事纠纷的功能，借以保证社会的有序。重刑轻民的传统在司法制度中的体现，就是建立了以执掌刑法为主要职责的司法机关，确立了以慎刑为中心的司法原则，完善了处理刑事案件的诉讼程序与审判制度，刊印了注释刑律与刑事诉讼律的律学著作。至于民事诉讼，则多以调处取代审判。

司法与血缘、地缘关系

中国古代是宗法社会，在宗法血缘纽带的紧密约束下，尊祖敬宗的观念受到重视，是维护宗族的精神力量。聚族而居则是宗法血缘关系的内在要求，由此而形成了数量众多的大家族和宗族，成为社会稳定的共同体。

唐宋以来在较大的家族中多制定家法族规，成为规范族人的行为准则。家法族规的宗旨与内容，不外孝顺父母、尊敬长上、友爱兄弟、和睦相处、遵守国法、缴纳课赋等，因此国家承认家法族规的合法性，是国法的补充形式。族内发生纠纷一般先由族长剖决是非，不得轻易告官涉讼。安徽桐城《祝氏宗谱》规定："族众有争竞者，必先鸣户尊、房长理处，不得遽兴讼端，倘有倚分逼挟恃符欺弱及遇事挑唆者，除户长禀首外，家规惩治。"

除血缘关系外,在封闭式的小农经济与政治环境中,形成了安土重迁、和睦相处的乡村社会的地缘关系。早在儒家经典《春秋左传·隐公六年》中就有"亲仁善邻,国之宝也"的记载。从政治治理的角度看,要达到一个有序的和谐社会,自然离不开百姓居住生活的和睦相处。《春秋左传·僖公十三年》说:"救灾恤邻,道也。行道有福。"宋理学家王豫《蕉窗日记》有云:"治家严,家乃和;居乡恕,乡乃睦。"

雍正帝曾对康熙帝《圣谕十六条》加以逐条解释,写成万余字的《圣谕广训》,于雍正二年(1724)颁布全国,其中"和乡党以息争讼"专条,表达了和解的价值。

正是稳定的血缘、地缘关系,造成了司法中调处息讼的盛行。

调处息讼早在秦汉时期便适用于民事诉讼,至唐代调解蔚然成风,高宗时元让以太子右内率府长史任岗还乡,"乡人有所争讼,不诣州县,皆就(元)让决焉"。由于调处息讼具有良好的社会效果,因此在清朝受到最高统治者的倡导。从顺治的《圣谕六条》、康熙的《圣谕十六条》,到雍正的《圣谕广训》,都含有"和乡党以息争讼"的内容。

清代的调处制度,可以分为州县调处与民间调处两大类。

州县调处是在州县官主持下对民事案件及轻微刑事案件的调处，是诉讼内调处，带有一定的强制性。根据档案材料，在当事人吁请息讼的甘结中，双方都申明依奉结得，即遵命和息。州县官还通过不准状的办法，促成双方和解，所谓"善批者可以解释诬妄于讼起之初"①。

由于调处息讼是州县官的治绩和大计（**考察地方官**）的重要指标，因此州县官对于自理案件，首先着眼于调处，调处不成时，才予以审决。除州县官当堂调处外，民间调处是诉讼外调处，其主要形式有宗族调处、乡邻调处及基层组织调处，而以宗族调处最为普遍。

以血缘关系为基础的宗族内纠纷一般先由族长剖决是非，不得轻易告官涉讼。江西南昌《魏氏宗谱》规定："族中有口角小愤及田土差役账目等项，必须先经投族众剖决是非，不得径往府县诳告滋蔓。"

可见，民间发生的大量民事纠纷，在告官兴讼之前，往往在家族内部经由族长调处化解。但由于宗族内部成员在身份上有严格的尊卑之分，又有远近亲疏的支派之别，特别是门房的人丁财势有强弱，嫡庶之间法定的权力有高下，因此族内成员在

---

① 白如珍：《论批呈词》，见《牧令书》卷一八。

接受调处时,往往因其在族内的地位而处于不平等的状态,既无法抵制族长的意志干预,又不得不忍受某种偏袒。如一味坚持己见,则会被斥为目无尊长,因此宗族调处也带有某种强迫性。

至于乡邻调处,植根于悠久的、强固的地缘关系,因此一旦发生争讼,也可以起到一定的作用。

清代调处,经过漫长的发展过程,形成了一套严整的规则。如调处的范围是民事案件和轻微的刑事案件,超出此范围即为法律所不允许;调处是在国家权力机构的制约下进行的,通过诉讼外的调处,调动了各种社会力量投入调处息讼中来。凡参与调处的乡邻、宗族,都要本着息讼止争、利国利民的目的,不得借机挑讼,从中渔利;调处的基本依据是国法,由于清代民事法律渊源的多样性,使得经常因事、因人制宜选用民事法律渊源,但与国法相悖的家法、乡规、民约都是无效的。因此,尽管调处盛行,却并没有影响法律的统一适用。

清朝通行的灵活多样的调处,确实起到了和息争讼、减轻讼累、有利生产的作用。但调处重在息事宁人,是适应封闭的小农经济基础与悠久的血缘、地缘关系的产物,而且受到儒家无讼论的长久影响,以致民事案件重在息讼,忽略查明纠纷的事实真相,分清责任。而又常常借势压服一方,损害了当事人的正当权益。更有甚者,每当调处不成,当事人坚持告官申理时,便被指斥为"刁民妄滋兴讼成习",轻则训诫,重则板责,然后再审。由此在民间滋长了普遍的畏讼、厌讼心理,缺乏依法保护自己权益的法律意识。

司法与儒家文化

春秋战国时期百家争鸣、诸说并存,至汉武帝"罢黜百家、独尊儒术",儒家学说占据统治地位。在儒家文化影响下的古代司法制度,具有以下特点。

一、以德礼为指导思想,法、理、情三者统一

孔子曾说礼乐不兴,则刑罚不中;刑罚不中,则民无所措手足。尤其强调为政以德,至汉代,明德慎罚、德主刑辅已成为立法与司法的指导原则。《唐律疏议》进而将德礼与刑罚界定为本、用关系,并以自然现象比喻其相互关联密不可分:"德礼为政教之本,刑罚为政教之用,犹昏晓阳秋相须而成者也。"德礼侧重于预防犯罪,即导民向善,所谓禁于将然之前;刑罚侧重于惩罚犯罪,即禁人为非,所谓禁于已然之后。明初朱元璋以严法酷刑治天下,虽收到一时之效,却并未能杜绝犯罪。至洪武三十年(1397)大明律成,积30年的统治经验,终于总结出"朕仿古为治,明礼以导民,定律以绳顽"的道理,强调"礼乐者治平之膏粱,刑政者救弊之药石",唯有"以德化天

下",兼"明刑制具以齐之",才能使国家长治久安。

汉唐以降,司法实践中多"于礼以为出入",实即据法、准理、原情,此三者的统一,成为评判司法的重要价值取向。据法,即以国家制定法为审判的基本依据;准理,即准三纲伦常之道理,此理经过宋儒宣扬成为天理;原情,即符合社会成员共同认同的价值观念,亦即世情。在司法中以理为导向,以情为立足点,可使法律义务与社会义务相统一,减少执行法律的阻力,实现明刑弼教的目标。

二、以人为本,恤刑、慎刑

人本思想萌发于周初,经孔子传承,创立了"仁者,爱人"的学说,充分肯定了人的价值和尊严,并以仁作为调整人际关系的基本准则,成为具有特殊历史意义的人本哲学和法文化的精髓。人本主义是五千年中华法制文明的原动力,其在司法中的表现如下。

1. **慎罚、恤刑**

周初在总结商亡历史教训的基础上,提出了"明德慎罚"的治国方略。所谓慎罚,就是不"乱罚无罪、杀无辜",以免"怨有同,是丛于厥身"。历代开明之君皆以省刑慎罚为施政的主要措施。

与慎罚相联系的是对老幼妇残弱势群体的恤刑。唐律规定:

"诸年七十以上,十五以下及废疾……收赎。""八十以上,十岁以下及笃疾,犯反、逆、杀人应死者,上请。盗及伤人者,亦收赎。""九十以上,七岁以下,虽有死罪,不加刑。""妇人犯流者,亦留住,流二千里决杖六十,一等加二十,俱役三年。"年七十以上,十五以下及废疾者被判流刑,只流遣到服役之处,而不居作。①"妇人犯死罪,怀孕,当决者,听产后一百日乃行刑。"

另据《唐令拾遗》,"残"分为三类:"诸一目盲、两耳聋、手无二指、足无三指、手足无大拇指、秃疮无发、久漏下重;大瘿瘇,如此之类,皆为残疾。痴痖、侏儒、腰脊折、一肢废,如此之类,皆为废疾。恶疾、癫狂、两肢废、两目盲,如此之类,皆为笃疾。"凡废疾、笃疾犯罪或听收赎,或奏闻取旨。以《大清律例》为例:"凡年七十以上,十五以下,及废疾,犯流罪以下,收赎。八十以上、十岁以下,及笃疾,犯杀人应死者,议拟奏闻,取自上裁。盗及伤人者,亦收赎,余皆勿论。九十以上、七岁以下,虽有死罪,不加刑。""凡老幼及废疾犯罪,律该收赎者,若例该枷号,一体放免;应得杖罪仍令收赎。""凡犯罪时虽未老疾,而事发时老疾者,依老疾论。"

---

① 〔清〕白如珍:《论批呈词》,见《牧令书》卷一八。

中国古代对老幼妇残等社会弱势群体恤刑的法律规定是一贯的、相互传承的，它反映了扶助老幼妇残的民族精神，蕴含着鲜明的人文关怀，体现了刑法中的人道主义原则。这些传统的、历史悠久的法律规定，是世界法制史上所少有的。

2. 重视人命，死刑复核

儒家认为："人者万物之灵"，"天地之性人为贵。"因此，理政、司法务在减少死刑。贞观律与隋律相比，死罪减少92条，为史家所称道。隋文帝时鉴于地方州郡县滥用死刑，激化社会矛盾，故而规定"诸州囚有处死，不得驰驿行决"；"诸州死罪不得便决，悉移大理案覆，事尽然后上省奏裁"，从此将死刑的执行权收归朝廷，由皇帝亲自掌握，成为一项定制。

不仅如此，死刑案犯于执行前须经复核程序，擅自执行者治罪。《唐律疏议·断狱》：死刑"奏画已讫，应行刑者，皆三复奏讫，然始下决"，"不待复奏报下而决者，流二千里"。后又改三复奏为五复奏，并下诏："自今门下复理，有据法合死而情有可宥者，宜录状奏。"由于唐初采取了重民命、慎刑罚、援法治等一系列措施，造就了贞观之治的盛世。唐以后，宋元明清各朝基本沿袭唐制。清朝死刑执行前实行秋审会审制，对于保护人命、纠正错案起到了一定的作用。乾隆三十年（1765）湖南官犯饶佺，以回护已过被判处死刑，但浙江省知府黄象震也以承审回护判处军台效力,二者同罪异罚,对此乾隆皇帝"急谕湖南巡抚将饶暂停处决,令刑部查明两案情节不同,始行明谕处分"。嘉庆七年(1802)秋审时拟将广东斗殴杀人犯姚得辉由"缓决"改判"情实",援引乾隆十八年(1753)"一命必有一抵之旨"为据。对此嘉庆帝御批如下:"一命一抵原指械斗等案而言,至寻常斗殴,各毙各命,自当酌情理之平,分别实缓,若拘泥'一命必有一抵'之语,则是秋谳囚徒,凡杀伤毙命之案,将尽行问拟情实,可不必有缓决一项,有是理乎,命仍照原拟入缓。"

三、法致中和,宽猛相济

《礼记·中庸》:"喜怒哀乐之未发,谓之中,发而皆中节,谓之和,中也者,天下之大本也,和也者,天下之达道也,致中和,天地位焉,万物育焉。"可见,在儒家经典中,中和是最高的道德标准,达到"致中和"的境界就会产生"天地位焉,万物育焉"的神秘效果。中和表现在司法上含有执法公平、准确、宽猛合于法度之意。《荀子·王制篇》说:"故公平者,职之衡也,中和者,听之绳也。"杨倞注曰:"中和,谓宽猛得中也。""听"泛指处理政事、执法断案,所谓"以五声听狱讼"。为使法"致中和",必先兴礼乐。孔子说:"礼乐不兴,则刑罚不中",又说:"政宽则民慢,慢则纠之以猛;猛则民残,残则施之以宽,宽以济猛,猛以济宽,政是以和。"汉时董仲舒还运用阴阳五行之说,阐明刑罚不中所带来的后果:"刑罚不中,则生邪气,邪气积于下,怨恶蓄于上,上下不和,则阴阳缪戾而妖孽生矣,此灾异所缘而起也。"法致中和的理念,对于执法断狱的制度建构、司法官的责任要求,以及权力制衡的监察法制,都具有重要影响。

法致中和,除追求人际和谐、社会和谐之外,还探求人与自然的和谐。儒家提出的"天地之大德曰生",天地"以生为道",表明作为个体的人,是和生生不息的自然界联系在一起的。儒家通过"天人合德"的论述,进一步阐明了人与自然和谐的伦理道德基础。宋儒张载强调"儒者则因明致诚,因诚致明,故天人合一"。他所说"穷天人之际,穷古今之变",就在于要建立自然与人的和谐关系。

中国古代"则天立法""则天行刑",并根据春、夏、秋、冬四时的变化,施行庆、赏、刑、罚。"庆为春、赏为夏、罚为秋、刑为冬,庆赏刑罚之不可不具也,如春夏秋冬之不可不备也。"凡此都旨在使司法顺阴阳、则五行、合天时,达到与自然的和谐。

四、摆脱宗教的理性审判

在儒家思想主导下的古代司法是理性化的司法,从未受到宗教的控制。夏商时期虽以天、天命的舆论辩护其统治的合法性，但只是原始的天道观，并不具备宗教的含义。商朝统治者还把对天、神的崇拜，与对王室祖先的崇拜联系在一起，鼓吹天帝是王的祖宗神，王是天帝的嫡系子孙，使神权和王权合二为一，神权被世俗化了。可见，商朝的天道观是为王所垄断并为王权的专制统治服务的，是和广大群众相脱离的，不是群众信仰的宗教。

商朝灭亡以后，继商而起的周朝统治者针锋相对地提出"天命靡常""天不可信"，只有拥有"懿德""正德"之君，才能"匍有四方"。所谓"皇天无亲，惟德是辅"，周之代商就是"以德配天"的结果，从而将敬德与敬天联系起来。由此天的神秘色彩被进一步冲淡。特别是从商亡的历史中深切感悟到民的力量，强调"人无于水监，当于民监"。把敬德与保民联系在一起，标志着周统治者的天道观更多地向人事倾斜，天与人进一步合一，显露出民为邦本的统治端倪。

春秋战国时期，"礼崩乐坏"的社会大变动，突显了民心向背对于国家兴衰所起的决定性作用，"国将兴，听于民，将亡，听于神"。至子产执政时，提出"天道远，人道迩，非所及也，何以知之?"的著名论断，把人从以德配天的思维方式中解脱出来，激发了人的理性自觉。

作为儒家创始人的孔子不仅"不语怪力乱神"，而且明确表示"敬鬼神而远之","未能事人,焉能事鬼,未知生,焉知死"。显示了孔子所注重的是对现实社会的人伦关怀,而不是对彼岸世界的终极关怀的宗教性质的探究。

东汉兴起的道教与输入的佛教,都是巩固专制主义政治统治的重要工具,一旦宗教的势力膨胀威胁政治统治时,统治者立即采取坚决打击措施。唐武宗的灭佛行动,和康熙年间禁西洋人在中国行教,就是明证。佛教和道教虽然在不同时期、不同程度上影响着统治集团的思维方式,但自从儒家思想的统治地位确立以后,儒家文化及其施政原则,始终是中国古代政治的根本,从没有动摇过。任何一种宗教都没有真正进入政治领域,也没有出现过西欧封建法律体系中的教会法,和与世俗法庭并存的宗权法庭,也没有东方古印度婆罗门长期掌握立法权与司法权的现象。

中国古代的司法远离宗教的控制,是立足现世充满理性的。

治吏援法

孟子有云:"徒善不足以为政,徒法不足以自行。"实施法律离不开执法的官僚群体,故治法与治吏并重,治法侧重于立法,治吏侧重于司法,二者不可分割。荀子不仅是礼与法统一论者,也是法与吏的统一论者,他提出的"有治人无治法",是从总结历史经验教训中得出的结论。他举例说："羿之法非亡也，而羿不世中；禹之法犹存，而夏不世王。故法不能独立，类不能自行；得其人则存，失其人则亡。"正是从法不能离人而立、离人而行，法律的效能依靠良吏司法才得以实现，因此他进而论证："君子者，法之原也"，"君子者，治之原也。"如有君子，即使法有不至，职有不通，仍可"其有法者以法行，无法者以类推"，"则法虽省，足以遍矣"。如无君子，"则法虽具，失先后之施，不能应事之变，足以乱矣"。"故有良法而乱者，有之矣；有君子而乱者，自古及今，未尝闻也。"认为荀子只是人治论者是对荀子思想片面的理解，他是重人执法论而不是简单的人治论。后世的思想家结合更丰富的历史经验与教训，发挥了荀子的观点。唐白居易说："虽有贞观之法，苟无贞观之吏，欲其刑善，无乃难乎？"宋王安石说："理天下之财者法，守天下之法者吏也，吏不良则有法而莫守；法不善则有财而莫理。"被人誉为平生以法绳天下的明张居正，从多年从政的实践中体会到："盖天下之事，不难于立法，而难于法之必行。"

为使官吏做到缘法断罪，首要条件是知法明法，《秦简》中便以是否明法律令作为区分良吏恶吏的标准。汉时朝廷为培养司法官后备人才，于太学中设律博士。隋唐科举中设明法科，宋时倡言读书读律蔚然成风，所谓"君子读书不读律，致君尧舜终无术"。明清时期，虽以八股取士，但律典中专设讲读律令条，规定："凡国家律令，参酌事情轻重，定主罪名，颁行天下，永为遵守。百司官吏务要熟读，讲明律意，剖决事务。每遇年终，在内从察院，在外从分巡御史、提刑按察司官，按治去处考核。若有不能讲解，不晓律令者，初犯罚俸钱一月，再犯笞四十附过，三犯于本衙门递降叙用。"清人沈家本曾说："法律为专门之学，非俗吏之所能通晓，必有专门之人，斯其析理也精而密，其创制也公而允。以至公至允之法律，而运以至精至密之心思，则法安有不善者。及其施行也，仍以至精至密之心思，用此至公至允之法律，则其论决又安有不善者。"这可以说是治吏与援法相互为用的近代总结。

治吏的标准与基本要求是援法断罪，晋时刘颂倡言："律法断罪，皆当依法律令正文，若无正文，依附名例断之，其正文名例所不及，皆不论。法吏以上，所执不同，得为异议。"刘颂的倡言对当时和以后的司法建制均有重要影响。北周在章帝宣下州郡的诏制九条中，"一曰决狱科罪，皆准律文……三曰以杖决罪，悉令依法"。隋初，"诸曹决事，皆令其写律文断之"的规定，是对晋援法断罪论的新发展与法律化。《唐律疏议》在此基础上进一步规定："诸断狱皆须具引律令格式正文，违者笞三十。"宋朝司法实行鞫谳分司，设专职检法官检法断刑，以期用法准确。明清时期随着社会的进步与司法经验的积累，在援法断罪的具体规定上予以进一步充实。

明律"断罪引律令"沿袭唐宋旧律，但"凡律自颁降日为始，若犯在以前者，并依新律拟断"的规定是不见于唐律的，它表明统治者更注意法律的统一适用，避免新旧律轻重互异造成执行上的参差。此外，明律关于"凡律令该裁不尽事理，若辄断决，致罪有出入者，以故失论"的规定，也与唐律举重明轻、举轻明重不同。

清朝在依法断狱的法律规定上，援引明律，但增加小注，使律义明晰。同时，由于清代例的法律地位特殊而与明律有所不同。《大清律例·断罪引律令》具体规定如下："凡官司断罪，皆须俱引律例。违者，如不具引笞二十。若律有数事共一条，官司止引所犯本罪者，听所犯之罪止合一事，听其摘引一事以断之。其特旨断罪，临时处治不为定律者，不得隐比为律。若辄引比致断罪有出入者，以故失出入人罪减等坐之。"按《明律·断罪引律令条》，首句为"具引律令"，大清律改为"具引律例"，以明示例的法律地位。

中国古代断罪引律令的规定，与西方资产阶级革命时期提出的法无明文规定不为罪的法治原则，实际上具有共同性，表现了中华法制的先进。虽有其历史时代的局限，但在实践中提高了法律的权威,增强了民众对簿公堂乞求王法的维权意识。

为治吏援法,历代还通过立法明确司法官应负的法律责任与违法制裁。早在秦统一前的法律文献中,对于违法失职者依法严惩。根据《云梦秦简》,量刑不当为失刑罪,重罪轻判为纵囚罪,轻罪重判为不直罪,犯此三者皆"致以律",即依法处刑。《唐律疏议》规定,司法官审案"皆须以所告状鞫之,若于本状以外别求他罪者,以故入人罪论"。"若入全罪,以全罪论;从轻入重,以所剩论;刑名易者,从笞入杖、从徒入流亦以所剩论,从笞杖入徒流、从徒流入死罪亦以全罪论。其出罪者,各如之。"如过失出入人罪,"失于入者,各减三等,失于出者,各减五等"。断罪不引律例者,笞二十。判决时徒罪以上要各呼囚及其家属,具告罪名,并要"取囚服辩"。如果不服,则须要"更为审详",违者笞五十,如系死罪,则杖一百。

为了从制度上保证官吏廉洁自恃、公平司法,《唐六典·刑部》规定:"凡鞫狱官与被鞫人有亲属仇隙者,皆听更之。"唐以后审讯回避的规定尤为具体,据《大清律例·听讼回避》条:"凡官吏于诉讼人内关有朋亲及婚姻之家,若受业师(或旧为上司与本籍官长有司)及素有仇隙之人,并听移文回避。违者(虽罪无增减)笞四十。若罪尤增减者,以故入人罪论。"

综括前述,司法是古代法制建设的重要环节,无论是制度建构、程序设计、审断要求,都体现了强烈的中国特色。这个特色不是凭空而来的,也不是任何智者的主观塑造,而是特有的国情因素所决定的。也只有从中国国情出发,才能把握中国古代司法制度的实质与发展的规律性。

(原载《人民司法》2010年第5期)

古代司法文明的人文关怀：法、理、情的联通

中国古代司法不仅要求援法断罪，而且提倡法、理、情三者的联通，这是古代司法文明的重要表征。它源于中国的国情与中华民族的精神，也是司法经验的理性总结，为世界司法制度史上所少有。

法、理、情的相互关系

汉时礼法合流，礼主刑辅成为国家法制的指导原则，以至纲常之礼被视为最重要的道理。至宋代，纲常之礼被渲染为"天理"，而在纲常入律以后，使得天理与国法相通，从而增加了法的权威性。明清时期，随着科学技术文化的进步，充满神秘色彩的天理影响的空间缩小了，但天理的法律化却进一步加强。天理愈是法律化，政治与伦理愈和谐，君权、父权、族权愈膨胀，个人的法律意识与权利观念愈淡薄。宋以后，中国法律历史就是沿着这样的轨迹发展的。

关于国法与人情的关系。首先，二者具有一致性，纲常同

以血缘、伦理、亲情为内涵的人情是完全相合的。法顺人情，赋予法律一种中庸平和的亲切感，使法贴近生活，凸显古代法律"仁"的基调。执法以顺人情，不仅使国法增添了伦理色彩，还获得了社会舆论的支持，因而对判决的执行更具有广泛的约束力。因此，古代法官司法时最为常见的情形便是"上不违于法意，下不拂于人情"。其次，二者也存在着冲突，人情所反映的亲情义务与法律所反映的国家义务之间存在着不同的要求。中国古代虽然宣传国之本在家，但如家族私利影响国家利益，家法干扰国法，家族成员犯上作乱，则一律依法严惩，以示国重于家，君高于父。法律要求所有社会成员恪守国法，一体承担国家义务，迫使庶民接受赋敛征发，并以强制的制裁为后盾。不仅苛法违背人情，就是在一般情况下，国法与人情也存在着不同的侧重面。要求不同，规范目的不同，制裁方式不同，从而构成了二者冲突的客观基础。

法、理、情在司法中的权衡与应用

古代对于刑事案件的判决，必须根据法律，情与理只做附带考量。对于民事案件的判决，情与理的影响加强，以至出现有法者依法律、无法者依情理的现象。司法官要在天理、国法、人情之间进行权衡、协调统一，以确保司法公正，利于社会有序和国家稳定。

在中国古代，为了渲染统治者的德化仁政、加强法律与民心的沟通、提高整个社会的凝聚力，特定情况下也主张"法顺人情"，甚至"舍法用情"。对于民间细事词讼一般多依情理解决，由此产生了一种中国传统特有的审判方式——调解。

中国古代司法中法、理、情三者的联通统一，体现了中华民族的民族精神与理性的法律思维以及高度概括的司法经验，同时也反映了三者所具有的共同社会基础与目的。天理体现为国法，赋予国法以不可抗拒的神秘性；执法以顺民情，给国法增添了伦理色彩，使得国法在政权的保证推行之外，还获得族权与社会舆论的支撑，从而更充分地发挥其作用。这正是天理、国法、人情三者联通统一的出发点和归宿。

天理、国法、人情三者的协调一致、互补互用，构成了中国古代司法的传统之一，也是司法文明的表现。这是由中国古代宗法社会结构与长久的文化积淀、民族心态、政治法律意识所决定的。中国古代社会封闭的环境、狭隘的小生产地位、落后的科技文化，使得人们只能听信法上有天，天下有法，法与天通，天与法合。由于对天充满了敬畏，自然对国法也充满了敬畏。由于民情、人情具有社会性，是法之所以立的基础，因此脱离民情，法的生命也将终结。从法制发展的历史看，法合人情则兴，法逆人情则竭。情入于法，法与伦理相结合，易于为人所接受；法顺人情，冲淡了法的僵硬、冷酷的外貌，易于得到推行。法与情两全，亲情义务与法律义务得到了统一。这是良吏所追求的目标，他们宁可舍法取情，也避免以法伤情，借以增强宗法社会成员的亲和力，发挥寓教于刑的法律功能。

天理、国法、人情三者的和谐使得道德与法律相合、亲情义务与法律义务相统一，不仅对中国古代法律的发展产生了深远影响，而且对同在儒家文化圈内的东方各国有着十分广泛的影响。这对于今天依法治国的司法活动也有着一定的借鉴意义，尽管法、理、情的性质与内涵已经完全不同。

(原载《人民法治》2016年第7期)

判词与文风密不可分

　　判词是司法官对其所审理案件做出结论的文字表达形式。判词的发展是和司法的程序化、制度化、司法官素质的提升分不开的。判词既然是文字表达形式，因而与其同时代的文化倾向、文风密不可分。而有其骈体与散体之分、实判与拟判之别。但无论是哪一种判词，即使是拟判，都要求规范性和合理性，至少在文字上要注重逻辑。不可否认，有的判词作者炫弄文字技巧流于形式主义。但在大多数情形下，制作判词对司法官是一种逻辑条理的训练，目的是使司法官认真对待司法，准确适用法律。这与历代司法强调的"慎刑宪"观念是一致的。

　　至唐朝，无论司法的程序、审理、宣判、执行均已法律化、制度化，由此而推动了判词制作的规范化。但现存唐代司法实践中的判词尚不多见，而文人骚士所制作的拟判却多有流传至今者。这是适应当时朝廷选官的需要并与当时的文化趋向分不开的。唐朝重法制，科举设明法科而又以"判"作为选官的标准之一，即所谓"身言书判"。欲登龙门者遂多在判词上下功夫，为满足学判的需要出现了拟判之作。所谓拟判，并非真实的案例而多为虚拟，且多受六朝骈体文风影响，注重文字上的雕琢形成了唐代骈体的判词文化。

遗留至今具有代表性的有张鷟的《龙筋凤髓判》、白居易的《白乐天集·甲乙判》等著作，《全唐文》《文苑英华》中也收录了很多拟判作品。

现举《龙筋凤髓判》中"司勋二条"判词之一为例：

洛阳人祁元泰贿司勋令徐整，作伪勋插入甲，奏大理，断泰为首，整为从，泰不伏。止戈为武，靖乱之嘉谋，致果为毅，安边之茂轨。畴庸命赏，将酬犬马之功，书劳策勋，用答鹰扬之效。祁元泰奸回是务，逞狙诈于千端，徐整干没为怀，纵狼心于百变。勋随笔注，官逐贿成，将此白丁，插名黄绶。虽复龙蛇共泽，善恶斯殊，终是鸡鹤同群，是非交错。整行诈业，泰受伪勋，两并日拙为非，一种雷同获罪。执行故造，造者自合流刑，嘱请货求，求者元无首从。

宋朝也是以明法相尚的朝代，尤其重视案件的审情酌理、查验是非，因而出现了《折狱龟鉴》《洗冤集录》等传世之作。南宋汇编成书的《名公书判清明集》收录了朱熹、真德秀、吴潜、徐清叟、王伯大、蔡抗、赵汝腾等28位地方官处理诉讼的117篇判词，均为实判。在文体上褪去骈体之风，改为散文体。判词中多引通用的法律条文，这是与宋时入仕之官读书读律分不开的。有宋一代的判词文化以质朴著称。

明清两朝进入封建末世，由于制艺是入仕的敲门砖，书判已经退出选官之门，因此为官者多不知法，所作出的判词或出于刑幕之手，或主官己作，多为寥寥数语。但也不乏贤吏的名判之作，且多有传承唐宋判牍的遗风。明时有李清《折狱新语》收判词230篇，骈散结合，均为实判。清时有《樊山判牍》《吴中判牍》《判语存录》《陆稼书判牍》《于成龙判牍菁华》《张船山判牍》等，这些判牍有的文采上并不出色，但在规范性和合理性上体现了传统司法中的理性主义色彩和现实主义精神。

现举清代名吏于成龙的判词为例：

> 尔（指江姓）与对门沈寡妇宗氏，以小儿争之微衅，竟欲借此酿成大狱，以破其产，以耗其家，尔何不仁之甚耶！古人十千买树，十万卜邻。即尔理尽直，彼理尽曲，区区小事，亦不应涉讼。况彼为寡妇，尔则丈夫。……沈宗氏茹苦含辛，抚孤守节，尔一堂堂男子，为之邻者，允宜敬其志，钦其节，周恤其不足，原谅其不及，……如尔

子果有伤者,着即日于三日内抬县检验,由本县出资代为调治,不得犯沈宗氏一草一木,更不得需索还沈宗氏一丝一粟。如无伤者,从此了事。

该判词有理有据,义正词严,相信被告人听到此判,必有惊雷震撼之感。

另举《吴中判牍》以情判案如下:"该家有七子,其母死后,长子将遗产独占,余子告之官府,按律应判七子均分,但知府蒯子范为了照顾二三房寡嫂守志,遂将遗产先分为七份,长房分得七分之一,其余并为二份,一份由四五六七房兄弟均分,一份归二三房寡嫂。"并判曰:"阿兄不道,难应将伯之乎;群季皆贤,尚有援嫂之意,本县用是嘉尚,而于权(四子名)等有厚望。"

综上可见,历代判词一脉相承,既是司法文化的组成部分,也是法制文明的重要成果。从判词中可以验证司法官的法律适用是否精当;体察古代司法中德主刑辅与明刑弼教的儒学影响,以及法、理、情三者结合重和谐、调处息争的特点。古代判词虽有其华而不实的骈俪文风与专制主义的司法导向,但就判词制作中要求符合法意,体现情理,明刑弼教等方面而言仍有一定的借鉴意义。

(原载《北京日报》2017 年 7 月 10 日第 15 版)

以五声听狱讼

"以五声听狱讼"是司法心理学的一大创造,在中国古代的影响极为深广。

西周初期,在摒弃商朝神断法的基础上,经过对司法经验的认真总结,形成了"五听"的审判方法。《周礼》记载:"以五声听狱讼、求民情。"所谓五听,"一曰辞听,二曰色听,三曰气听,四曰耳听,五曰目听"。对此,东汉的郑玄注释如下:"观其出言,不直则烦;观其颜色,不直则赧然;观其气色,不直则喘;观其听聆,不直则惑;观其眸子视,不直则眊。""五听"是在总结大量司法实践经验与研究犯罪者心理变化的基础上所形成的司法心理学,或称司法的心理观察。在物证技术不发达的中国古代,司法官逐渐以人的心理状况为观察对象,借以发现案情的真相,而不简单地一味诉诸占卜或神判,这种远神近人的做法为中国古代的司法烙上了人文精神的鲜明印记。现代司法中所应用的测谎仪器,也不外乎是用现代的科学仪器侦测犯罪者的心理反应而已。

"以五声听狱讼"其影响甚为深广。西晋的张斐论证说:"夫刑者,司理之官;理者,求情之机;情者,心神之使,心感则情动于中而形于言,畅于四肢,发于事业。是故奸人心愧而面赤,内怖而色夺。论罪者务本其心,审其情,精其事,近取诸身,远取诸物,然后乃可以正刑。"此论以心理学为依据对"五听"做了进一步诠释。

北魏的李惠每次断案必"察狱以情,审之五听"。《唐六典》引《唐令》规定:"凡察狱之官,先备五听,又稽诸证信,有可徵焉而不肯首实者,然后拷掠,二十日一讯之。"

宋朝的郑克在《折狱龟鉴》中结合审判实践对"五听"做了进一步的阐明:"夫察奸者,或专以其色察之,或兼以其言察之。其色非常,其言有异,必奸诈也,但不可以逆疑之耳。见其有异,见其非常,然后案之,未有不得其情也","奸人之匿情而作伪者,或听其声而知之,或视其色而知之,或诘其辞而知之,或讯其事而知之。"

综上可见,早在公元前11世纪左右司法制度已经摆脱了神断的约束,而集中到对人的观察。"五听"不是唯心主义的主观臆断,而是有一定的经验和心理观察为基础的,它与现代的司法心理学基本吻合。现代心理学创始人之一、奥地利精神病学家阿德勒曾经提出:"按照个体心理学的理解,个体的行为是由个体的整体人格发动和指引的,因此,个体心理学关于人的行为的所有陈述都精确地体现了这些行为之间的相互关系,个体的行为反映了个体的心理活动。"

"以五声听狱讼"是司法官断案初期的一种方法,仅据此还不足以剖白案情,简单地凭察言观色断案有时也会造成司法官的主观臆断。要达到司法公平公正的要求,更重要的还在于证据充分和用法得当。中国古代经过漫长的司法历程,最终形成了一套较为完整的证据制度,对于证据的收集、采择、辨析、运用都做了较为详尽的规定。从而又将"五听"置于可靠的物质材料之上,弥补了"五听"的不足。

(原载《北京日报》2014年8月25日第23版)

中国古代司法中的"罪刑法定"

历史上优秀的法治传统资源是"中国特色"的渊源,是"法治话语权"的底蕴。当我们谈及西方法学文明传入中国,推动中国法律近代化的时候,不要忘记中国古代法制文明也有许多跨越时空的普世价值因素,值得我们认真地挖掘整理,并使它在建设法治中国的伟大事业中发挥史鉴的作用。中国古代法律不仅从正面规定了断罪皆须引律,而且还从反面规定了司法官"断罪不如法"的惩罚,这其中所体现的"罪刑法定"理念,正是我国历史上优秀法治传统资源的重要一例。

中国古代的思想家、政治家对于法律的功能与价值是十分推崇的,认为"法者,天下之程式也,万事之仪表也","法律政令者,吏民规矩绳墨也","法者,所以齐天下之动,至公大定之制也"。同时强调"治国使众莫如法,禁淫止暴莫如刑。威不两措,政不二门,以法治国"。正是由于法具有治国的功能,因此,"国无常强,无常弱;奉法者强则国强,奉法者弱则国弱"。

法既然具有治国的功能与价值，因此在司法中援法断罪就成为必然的选择，而且不断趋向于法律化、制度化。至晋代，立法与律学都在汉魏的基础上有了突出的发展。在司法中也由一般的援法断罪发展成明确的罪刑法定。晋惠帝时，三公尚书刘颂在上疏中提出"律法断罪，皆当以法律令正文，若无正文，依附名例断之，其正文名例所不及，皆勿论"。刘颂的建议得到侍中太宰汝南王亮的认同，他奏请惠帝"以为宜如颂所启，为永久之制"。刘颂的建议是否写入《晋律》，由于《晋律》失传不得而知，但从北魏的文献记载，特别是隋唐时期的法律规定，可以想见刘颂的主张写入了《晋律》。

隋初，文帝下令"诸曹决事，皆令具写律文断之"。《唐律疏议·断狱》明确规定："诸断罪皆须具引律令格式正文，违者笞三十。"这可以说是中国古代的罪刑法定主义。如果从刘颂算起，早于西方提出罪刑法定原则1400余年；从唐朝算起，也早于西方1000余年。

唐律这项规定影响深远，后世立法只是略有增减而已。以《大清律例》为例，律文通过增加小注和补入条例，使此项规定更为细致。如，《大清律例·断罪引律令》律文："凡（官司）断罪，皆须具引律例。违者，（如不具引）笞三十。若（律有）

数事共（一）条，（官司）止引所犯（本）罪者，听（所犯之罪止合一事，听其摘引一事以断之）。"在所注条例中还做了进一步的补充：其一，"承问各官审明定案，务须援引一定律例。若先引一例，复云不便照此例治罪，更引重例，及加'情罪可恶'字样坐人罪者，以故入人罪论"。此例侧重之点是"务须援引一定律例"，不得先此后彼，否则以故入人罪论。其二，"除正律、正例而外，凡属成案，未经通行著为定例，一概严禁，毋得混行牵引，致罪有出入。如督抚办理案件，果有与旧案相合可援为例者，许于本内声明，刑部详加查核，附请著为定例"。此例是乾隆三年（1738）定例，乾隆五年（1740）馆修入律；此例强调凡未经通行著为定例的成案，一概严禁，以维护立法权的集中统一。

中国古代法律不仅从正面规定了断罪皆须引律，而且还从反面规定了司法官"断罪不如法"的惩罚。《唐律疏议·断狱》规定："诸断罪皆须具引律令格式正文，违者笞三十。"《宋刑统》规定："诸决罚不如法者，笞三十，以故致死，徒一年。"《大明律》规定："不如法者，笞四十"，"因而致死者，杖一百。"虽轻于宋律，但需赔偿埋葬银一十两，"行杖之人，各减一等"。

为了使司法官知法，援法断罪，汉设律博士，作为司法官的后补；唐宋科举中，分别设有明法科、刑法科。明清两代，为了补救官吏以制艺入仕，法律知识的缺失，在法律中专设"讲读律令"条，内外官员，每年年终考试法律，不合格者或罚俸或降职。

明清两代特别是清朝律学的发展，是和考校官吏的法律知识有着一定的联系。清朝律学中出现了歌诀表、图表类等通俗易懂的注律形式，正是适应了官吏学法普法的需要。

总括上述，可以看出援法断罪、罪刑法定产生于中华民族固有的文化土壤上，是中华民族富于理性的法律思维的成果。它不仅是司法文明的一个亮点，也是中华法系文明的一个表征。但是，封建时代的罪刑法定不可避免地受到专制制度的影响，往往"人主权断"一语便改变了法律规定的效力。不仅如此，由于律文规定的粗疏，使得比附断案也趋于常态化，尽管有所限制，仍然是对罪刑法定的冲击。

当我们谈起晚清西学东渐，西方法学文明传入中国，推动中国法律近代化的时候，不要忘记中国古代法制文明也有许多跨越时空的普世价值因素，值得我们认真地挖掘整理，使它在建设法治中国的伟大事业中发挥史鉴的作用。

（原载《人民法治》2015 年第 1 期）

调解息讼的司法传统与崇尚和谐的中华民族精神

在古代司法中,并非一味以刑杀为威,相反,所追求的是"讼简刑清",力求实现刑措而不用的和谐社会。孔夫子所说"听讼,吾犹人也,必也使无讼乎",发挥了长久的影响作用。历代所谓"盛世",其重要标志之一就是"法致中和,囹圄常空"。"以和为贵"的司法理念在实践中即表现为调解息讼。

早在汉朝已经有调解和息争讼的史例。据《汉书·循吏传》刘炬为县令时,"民有争讼,矩常引之于前,提耳训告,以为忿忿可忍,县官不可入,使归更寻思,讼者感之,辄更罢去"。韩延寿为左冯翊守时,"民有昆弟相与讼田自言",韩延寿自责未宣明教化,遂闭门思过。两昆弟深刻自悔,表示终死不再相争。韩延寿以此"恩信周遍二十四县,莫复以辞讼自言者"。

至唐朝礼法结合进入新阶段,司法官多以伦理为据调解争讼。例如开元中韦景骏任贵乡令,"县人有母子相讼者,景骏谓之曰:'吾少孤,每见人养亲,自恨终无天分,汝幸在温情之地,何得如此?锡类不行,令之罪也。'因垂涕呜咽,仍取《孝经》付令读之，于是母子感悟，遂称孝慈"。有些著名的良吏致仕以后，乡人也请其裁决纷争。唐高宗时，元让以太子右内率府长史任满还乡，"乡人有争讼，不诣州县，皆就（元）让决焉"。说明唐时调解息讼渐成风气。

宋时调解称为"和对"，已有官府调解、乡曲亲戚调解、宗族调解之分，而且趋向制度化。

元朝调解结案以后，严定不许再起讼端，违者治罪："今后凡告婚姻、土地、家财、债负，如原告被论人等自愿告拦休和者，准告之后，再兴讼端，照勘得别无违错事理，不许受状。""今后凡告婚姻、田宅、家财、债负，若自愿告拦，详审别无违法，准告以后，不许妄生词讼，违者治罪。"

至清朝，调解息讼案件的形式已经多样化和规范化。清朝调解分为州县调解与民间调解两类。州县调解是在州县官主持下对民事案件和轻微刑事案件的调解，是诉讼内调解，带有一定的强制性。根据档案材料，在当事人"吁请"息讼的甘结中，双方都申明"依奉结得"，即遵命和息。州县官还通过"不准"状的办法，促成双方和解，所谓"善批者可以解释诬妄于讼起之初"。

由于调解息讼是州县官的治绩和"大计"（考察地方官）的重要指标，因此州县官对于自理案件，首先着眼于调解，调解不成时，才予以审结。康熙时陆陇其任河北灵寿县知县，每审民事案件，则传唤原告、被告到庭，劝导双方说："尔原被（告）非亲即故，非故即邻，平日皆情之至密者，今不过为户婚、田土、钱债细事，一时拂意，不能忍耐，致启讼端。殊不知一讼之兴，未见曲直，而吏有纸张之费，役有饭食之需，证佐之友必须酬劳，往往所费多于所争，且守候公门，费时失业。一经官断，须有输赢，从此乡党变为讼仇，薄产化为乌有，切齿数世，悔之晚矣。"

民间调解是诉讼外调解，其主要形式有宗族调解、乡邻调解和基层保甲长调解，而以宗族调解最为普遍。族内调解一般先由族长剖决是非，不得轻易告官涉讼。安徽桐城《祝氏宗谱》规定："族内有争竞者，必先鸣户尊、房长理处，不得遽兴讼端，倘有倚分逼挟恃符欺弱及遇事挑唆者，除户长禀首外，家规惩治。"江西南昌《魏氏宗谱》也规定："族中有口角小愤及田土差役账目等项，必须先经投族众剖决是非，不得径往府县诳告滋蔓。"由此可见，民间发生的大量民事纠纷，在告官兴讼之前，往往在家族内部经由族长调处化解。但由于宗族内部成员在身份上有严格的尊卑之分，又有远近亲疏的支派之别，特别是门房的人丁财势有强弱，嫡庶之间法定的权利有高下，因此族内成员在接受调处时，往往因其在族内的地位而处于不平等的状态,说明宗族调处也带有某种强迫性。

至于乡邻调解,在中国也有着深刻的社会原因。中国古代封闭式的经济、政治环境,形成了安土重迁的观念,由此而产生了强固的地缘关系。乡邻之间几代人比邻而居,有无相通,患难相扶,一旦发生争讼,乡邻调解也可以起到一定的作用。

调解息讼之所以成为司法的一个传统,除儒家思想的影响和州县官追求政绩外,也与最高统治者——皇帝的指向密切攸关。例如,康熙《圣谕十六条》明确要求:"敦孝悌以重人伦,笃宗族以昭雍睦","和乡党以息争讼,息诬告以全良善。"

调解息讼的司法传统,反映了中华民族重和谐和睦的民族精神。中华民族在发展的过程中受到伦理道德的影响,以宗族内部的和睦相处为重要的价值取向;又在生产生活的斗争中体验到人与人之间只有和睦相处,互相帮助,才能取得生存与发展的机会。正是这种朴素的规律性的认识,使得中华民族形成了以和为贵,以争为耻的理念。在固有国情影响下形成的稳定的血缘关系和地缘关系,也为重和谐和睦的民族精神的形成提供了重要条件。如同宋人胡石壁所说,"大凡乡曲邻里,务要和睦。才自和睦,则有无可以相通,缓急可以相助,疾病可以相扶持,彼此皆受其利。"这种民族精神不仅缔造了调解息讼的司法传统,而且还是中华民族凝聚力之所在和多元一体的民族关系赖以形成的重要因素。

链接：西汉游侠郭解调解的故事

郭解是西汉时河内郡人，以游侠而闻名。《史记·游侠列传》中记载有郭解进行调解的故事。

原文：洛阳人有相仇者，邑中贤豪居间者以十数，终不听。客乃见郭解。解夜见仇家，仇家曲听解。解乃谓仇家曰："吾闻雒阳诸公在此间，多不听者。今子幸而听解，解奈何乃从他县夺人邑中贤大夫权乎！"乃夜去，不使人知，曰："且无用，待我去，令洛阳豪居其间，乃听之。"

译文：洛阳有两家人结仇，本地乡贤、豪强数十人前后从中调解，仇家都不肯罢休，于是有人去请郭解帮忙。郭解连夜去见仇家。由于郭解的名声太大，仇家勉强答应放弃复仇。郭解又跟仇家说："我听说本地很多乡贤曾来调解也没效果，如今你给了我面子，我怎么可以从外地来干涉本地乡贤的事呢。"郭解又连夜赶回去，临走前嘱咐仇家："千万不要让别人知道我来过，你暂且对外还是说不肯答应，等我走后，再有人前来调解，你就答应他吧。"

（原载《人民法治》2018年第3期）

附一 我的学术自述[*]

一、从事中国法制史研究是我毕生的心愿和追求

我出生在一个没落的书香门第,祖父辈兄弟五人,有二人曾参加科举考试,三祖父还考取了山东登州府十州县的第一名秀才,至我父亲时,家道中落,很早就参加工作,维持家计,他学历不高,但酷爱读书,尤其是喜欢读历史文献与小说,这对我很有影响,在我小学时便读过《三国演义》《东周列国志》《荡寇志》之类的小说,初中时还翻阅过《曾文正公文集》中的《十八家诗抄》。1947年,我考入东北的一所大学,攻读文学,但当时正值东北解放战争,激战方酣,课程也是时断时续。解放后,从1949年6月起,我先后在华北人民革命大学和中国政法大学学习,1950年3月,我所在的中国政法大学三部并入中国人民大学法律系,1950年8月,知道组织上要选调我攻读

---

[*] 原载张晋藩先生为"北京社科名家文库"之《学思欣录:张晋藩自选集》(首都师范大学出版社2015年版)所撰写的学术自述。

法律专业的研究生,当时喜忧参半,喜的是选派研究生都是学习的尖子,而且毕业后留在中国人民大学做教师,忧的是不知道选我做哪一门专业的研究生,因为当时无所谓个人志愿,都是组织分配。我最喜欢的是法理,其次是法制史(当时叫作国家与法权通史,即今之外国法制史)。分配揭晓时,我被分配到国家与法权通史专业,当时许多同学为我惋惜,说这门课既枯燥又冷门,但我却窃窃自喜,两年的研究生生活主要是接受苏联专家的指导,但也参加不少教学活动(研究生的编制都在教研室)。1952年7月,研究生毕业,分配我从事中国国家与法权历史的教学研究工作。岁月悠悠已经过去60年了,从事中国法制史的教学与研究工作是我的心愿也是毕生追求。我常对博士生说:"中国法制史学是一座宏伟的科学殿堂,我已经望见了这座殿堂的门楣,正在载欣载奔。"这不是故作谦虚,而是心底的真实的话。

二、1954年发表的第一篇文章成了我六十年不断研究的课题

1952年,毕业后不久便开始了轰轰烈烈的宪法的宣传与学习的活动,当时《光明日报》向我约稿撰写宪治运动的文章,我写了《旧民主主义宪政运动的破产》一文,发表在1954年8

月 6 日的《光明日报》学术版上,作为一名年轻教师能在当时的《光明日报》学术版上发表文章是很受鼓舞的,从此,中国宪治运动和宪法的历史一直成为我毕生研究的课题之一。在此文发表后不久,应中国青年杂志社的约稿,我与另外两位同志撰写了有关中国宪治运动史话的文章,发表在《中国青年》杂志 1954 年第 19 期上。1955 年,又应通俗读物出版社的约稿,与另外两位同志合作出版了《旧中国反动政府制宪丑史》的小册子。1961 年,在纪念辛亥革命 50 周年之际,在《政法研究》1962 年第 1 期上发表了《剖析"中华民国临时约法",吸取历史的经验和教训》一文。1979 年,在打倒"四人帮"不久,我与曾宪义教授合作在北京出版社出版了《中国宪法史略》,这在当时的法学界是很少的几本学术专著。

2004 年吉林人民出版社出版了我的独著《中国宪法史》,本书共八章,主要探讨了中国宪治思想的萌发和近代中国早期的宪法文化、晚清的预备立宪与颁布的宪法性文件、近代中国民主共和的宪治目标、北洋政府与南京政府的制宪活动、解放区的宪治运动与立宪活动、新中国的宪法制定的历史等等。本书以丰富、详尽的历史史料为研究基础,阐释和论证了中国百年宪法的历史、中国人追求宪治的历史;并运用现代宪法理论,探讨了近代中国的宪法价值与中国宪法文化史所展示的历史性规律。此书获得不少奖项。

2015年，在《学思欣录》的论文集中也收入了作者《宪治思想的萌发与晚清政府的预备立宪》一文。

以上可见，我对中国百年来宪治运动与宪法历史的研究断断续续，不绝如缕，我常对学生们说："博士论文的选题既不要大而无当，也不要过于狭窄，应当具有长期钻研的价值，这既便于学术积累，也会使研究的主题深入，正像学术研究永无止境一样，我对宪治历史的研究仍然在继续中。"

三、从提出编写《中国法制通史》到最后出版历时19年

1979年6月，在长春召开了中国法律史学会成立大会，我在会上提出编写《中国法制通史》多卷本的建议，以期中国法制史学的研究中心能够牢固地竖立在中国。我的倡议不是偶然提出的：改革开放以前，中国法制史界不了解外国的研究状况，外国法制史学者也不了解中国的研究状况；改革开放以后，我接待了日本和美国的法制史学者，了解到此前曾经召开过三次中国法制史的国际研讨会，参加者有日本、美国、英国以及中国台湾等国家和地区的学者，但都没有邀请大陆的学者参加。这固然与当时的国内政治环境有关，但更重要的是法制史学界

没有完成有价值的著作。为了改变这种尴尬的局面,我提出集合全国的力量编写中国法制史多卷本,把中国法制史学的研究中心牢固地竖立在中国,我强调:"编写多卷本是法制史学者的历史使命,如果让我们的后代到外国去学习中国法制史,岂不是我们的罪过。"我在建议中提出十个专题,希望以此作为编写此书的基础,要求见人物、见思想、见历史事件,把静态研究与动态研究相结合,这个意见获得与会者的一致同意。随即在1980年初召开了第一次的编写工作会议,参加者十余人,当时,法制史学的研究队伍已经星散,现有的研究者还忙于恢复课程,而且资料也多有散失,既无力也无暇投入到这项艰巨的学术工程,只能废然作罢。至1985年,情况已有改观,这个课题得到国家社科基金的资助,学者们也相继归队,使得计划开始落实,很快便出版了《清朝法制史》和《根据地法制史》,但不久就面临出版难的问题,研究工作被迫中断,直到1994年法律出版社同意一次性地出版《中国法制通史》(十卷本)。此后,才又重新启动。至1998年11月出版《中国法制通史》(十卷本),500余万字。屈指算来从提出编写的建议到最后出版已历时19年,有两位分卷主编已经过世,但有15名新生的力量——博士生参与其中,全书作者50余人,为了庆祝全书的出版,在人民大会堂举行了首发式,与会的中外学者盛赞此书是"世纪之作"。作为总主编的我深知期间的甘苦，但我个人无论治学、做事都坚持锲而不舍的韧性精神。我常常教育我的学生做学问切忌一曝十寒，古人曾说："绳锯木断，水滴石穿，所贵者在于工夫。"60年来，我在治学上不敢有一点偷懒，也不敢有一点自满，我鼓励学生们在学术上超过我，这是学术发展的必然规律，但同时我也叮嘱他们，一定要努力，因为我并没有在原地踏步。

四、开展部门法史与少数民族法制史的研究工作

1983年8月，在西安召开了中国法律史学会第一届年会，我在发言中提出："'民刑不分，诸法合体'的提法应改为'民刑有分，诸法并用'。过去梅因的'古代中国只有刑法，没有民法'的观点影响很大，实际上，古代统治者对财产关系是很重视的，这在立法上也有表现，至少从西周就是这样，到了宋代则更为重视。清朝的《户部则例》就是民法性质的单行法。过去说民事用刑法解决，但许多问题事实上不用刑法，而是用调解解决。然而也应看到，中国古代的确没有独立的民法典……中国古代法律体系，到唐代已形成以律为主，并与格、令、式、典、敕、例等形式互相结合，反映了法律调整的多样性，标志着封建法制的成熟。法制史研究要开创新的领域，如行政法史、经济法史都应研究，道家与释家对法律的影响也是值得我们研

究的。对少数民族的法制史，也应重视。"中国古代法典的体例是"诸法合体、民刑不分"，但中国古代的法律体系则是"诸法并存、民刑有分"，二者不应混同，我在此后多所论述。

法律关系是指由本国各个部门法构成的整体，而部门法则是根据它所调整的社会关系与一定的标准和原则划分的同类法律规范的总和。由于社会关系的复杂性和多样性，决定了调整方式的复杂性和多样性，从而形成了不同对象的若干部门法，它们是构成法律体系的各个相对独立的部分。由于形成法律体系的基础是社会关系，因此它是客观的社会发展的结果，而不是任何人主观意志的产物。至于一部法典采取哪种体例与结构形式，是立法者主观决定的，立法主体的立法思想、立法原则与立法技术的具体运用，是反映当时的立法水平的。因此法典的体例与法律体系是完全不同的概念，二者不能混淆，也不容混淆，否则便会产生误解。因此，必须明确中国古代法律体系是由若干部门法，如刑法、民法、行政法、诉讼法所构成的，是诸法并存的，也是民刑有分的。至于一部法典所采取的体例，或者是混合编纂，即所谓"诸法合体、民刑不分"，或者是单独编纂，那是立法技术问题，是特定时代立法者的选择，当然这种选择也受到法律调整的需要和时代的制约。

为了开展部门法史的研究工作，我首先从行政法史入手。

关于行政法史的研究。中国古代为了确认国家机关的组织、权责和管理制度,以保证整个国家机器的运转,同时也为了督励官吏忠于职守,发挥官僚队伍治国驭民的职能,颁行了大量行政法规,而且逐渐自成系统,成为封建法律体系中的重要组成部分。近人章炳麟说:"迄唐有《六典》《开元礼》,由此律始专为刑书,不统宪典之纲矣。上稽皇汉则不然也。"日本学者织田万在《清国行政法》一书中也说:"支那法制与国民文化同生。……至行政法典起源何时,殊难确定,要其大成,端进唐代。唐作六典载施政之准则,具法典之体裁,为后代之楷模,以视汉以来之所谓律,所谓令,所谓格,所谓式者,大有殊焉。……由是观之,支那古来即有二大法典,一为刑法典,一为行政法典。"

1985年,我在《中国社会科学》第1期上,发表了《中国古代的行政管理与行政法》一文,这篇文章是对于中国古代行政法史所作的综合性论述,主要分五个部分进行探讨:其一,中国古代行政体制的发展演变,简要梳理了自周礼六官分职直至明清内阁军机处一个长时段的行政体制的变化;其二,中国古代对职官的管理法律,分"职官的任免铨选""职官的考课奖惩""职官的监督弹劾""职官的休致"四个方面加以论述;其三,中国古代的文书制度;其四,中国古代行政法的历史发展和特点；最后一部分，谈到我们应该从中国古代行政管理与行政法中取得哪些历史的借鉴。

1989年，在《中国社会科学》第2期上再次发表了《中国古代文官制度综论》一文，从三个方面考察了中国古代的文官制度：其一，梳理了中国古代文官制度的历史发展脉络；其二，阐述了君本位的文官结构、文官的选任、文官的考课与文官的监察；其三，概括了中国古代文官制度的特点和世界影响。

1988年以后，出版了我主编和合著的《中国古代行政管理体制研究》和《中国行政法史》，次年又主编出版了《中国官制通史》，特别需要提出的是我于2007年在商务印书馆出版了《中国监察法制史稿》，该书指出中国监察法史是中国行政法史的重要组成部分，涉及监察机构的设置、监察制度的构建、监察活动的合法性根据等等，监察法律文化的积淀与监察立法经验的积累，都体现了中华民族的智慧与创造力。《中国监察法制史稿》可以说是我从事行政法史研究的一部力作。

关于民法史的研究。1983年，我提倡研究部门法史以后，法史界多进行刑法史的研究，并有著作问世，但对于民法史的研究仍未启动。为此，我在1985年《政法论坛》上发表了《论中国古代民法中的几个问题》。该文首先提出："不能从主要法典编纂形式上民刑不分得出中国古代没有民法的结论"；其次，揭示了"中国古代没有形成民法典的原因";然后,提出了"中国古代民事立法的主要发展阶段和时代特征";最后,提出了"从中国古代民法中吸取哪些历史的借鉴"。

1995年春,应美国加州大学洛杉矶分校历史系黄宗智教授的邀请,为该系学生讲授清代民法三个月,之后,在此基础上,撰写了《清代民法综论》,于1998年2月由中国政法大学出版社出版。该书是第一部断代民法史的研究。第一章叙述"清代民事立法概况",第二章至第五章是按照近代民法典体系分为民事法律地位、物权、债权、婚姻、家庭、继承来探讨清代民法;第六章叙述晚清民律及法制改革;第七章叙述清代民事诉讼制度。全书既有历史脉络的梳理,但更重在民法学理的贯彻。

2003年,我主持编写的《中国民法通史》由福建人民出版社出版,该书百余万字。之所以要编写这么庞大的一部民法史作品,除填补法制史的空白外,还力图为即将展开的民法起草工作提供历史的参考。2011年,针对中国古代没有契约自由也没有民法的一些观点,我撰写了《从晚清修律官"固有民法论"所想到的》一文,叙述了晚清修律时,修律大臣等论证中国古代存在民法,称之为"固有民法",我借此详细地论证了中国古代民法的发展状况与订立契约的自由和复杂的契约形式,同时不厌其烦地引录了宋、清两朝纯粹的民事法律条款,以说明中国古代确有民法,并且概括地论述了中国古代民法的特点:其一,是制定法的分散性与民事法律渊源的多样性;其二,契约关系体现平等、自由、依法的原则;其三,婚姻继承受宗法支配;其四,民事案件有特定的诉讼程序。

关于刑法史的研究。1991年2月,我主编了《中国刑法史稿》,由中国政法大学出版社出版。我还和另外两位同志编写了《中国刑法史新论》,于1992年由人民法院出版社出版,之所以取名新论就在于它不同于以往的刑法史著作,只是从纵向传统的角度来阐述中国的刑法史,而是从中外刑法比较的角度来阐述中国的刑法史,虽然称不上是比较刑法史,但无疑是开辟了一条新的研究蹊径。

关于司法制度史的研究。司法制度的历史源远流长,从夏朝起,中国古代司法制度历经数千年的历史发展,无论制度建设、活动原则、理论指导、法律规定,都基于中国国情而形成了独有的一些特点,积累了丰富的经验,产生了深广的影响,是中华法制文明的重要组成部分。1981年,我发表了《试论中国封建审判制度的特点》一文,是研究司法制度史的开端。我和另外两位同志专门编写了《中国民事诉讼制度史》,于1999年4月在巴蜀书社出版。

进入21世纪,我组织法律所的同事开展中国司法制度史的研究工作，并于 2004 年由人民法院出版社出版了《中国司法制度史》，这是新中国成立后第一部从古至今的司法制度史。该书以历史朝代为线索，叙述了不同朝代的司法制度，并且总结出中国古代司法制度七个特点：其一，儒家学说是古代司法制度的指导原则；其二，专制君主掌握最高司法权；其三，强调司法官援法断罪；其四，初步区分民事诉讼与刑事诉讼；其五，罪从供定，拷囚合法；其六，重视司法官的责任与司法监察；其七，司法与行政不分。其中对近代司法制度的转型与新中国司法制度的建设和发展也都做了阐述。

关于少数民族法制史的研究。1983 年 8 月，我在中国法律史学会年会上提出研究少数民族法制史，之后，由于集中力量编写《中国法制通史》，待 1998 年《中国法制通史》出版后，我开始将部分精力转移至编写少数民族法制史。1999 年 12 月，在云南召开了编写少数民族法制史的研讨会，形成了以下的共识：其一，全书应该有一个明确统一的指导思想，这是组织队伍、建立共识、齐一行动的保证；其二，要明确全书的研究对象，是中国少数民族在其历史发展过程中的法律制度、法律文化等等；其三，按族别立卷；其四，从少数民族的衍生、形成、发展的实际出发，注意创建中国少数民族法制史的科学体系。会后，申报国家社科基金并获得批准，随即展开工作。

编写中国少数民族法制通史是一项前人从未做过的工作，其意义重大，但工作难度也极大，需要从事大量的田野调查工作和充实的经费支持，迄至目前，已经出版四卷，预计明年将完成全书的一半。屈指算来，已经过去12年了，我希望在三年内全部出齐，这对于弘扬各族的法律文化，鼓舞他们参加祖国建设的自信心，巩固统一多民族的国家将起到积极的作用。我将继续本着锲而不舍的精神完成这一鸿篇巨著。

五、积极推进中华法系的研究

进入20世纪以后，梁启超先生最先提出中华法系的价值与世界地位。之后，程树德、丁元普、杨鸿烈、陈顾远等一批法制史学者对于中华法系进行了开拓性的研究，取得了积极的成果。新中国建立以后，认为法系的概念不科学，遂使这项研究工作中断，直到改革开放以后，才又重新提起这项研究工作。1980年，厦门大学陈朝璧教授发表了《中华法系特点初探》一文，同年我发表了《中华法系特点探源》一文，着重分析形成中华法系特点的历史的和社会的根源。1984年，我发表了《再论中华法系的若干问题》一文，涉及中华法系的概念、中华法系的断限（亦即起讫年代）、中华法系的特点和研究中华法系的意义。重点谈了中华法系的特点问题，概括为以下六点：其一，以儒家学说为基本的指导思想和理论基础,但也融合了道释的某些教义;其二,"出礼入刑",礼刑结合;其三,家族本位的伦理法占有重要地位;其四,立法与司法始终集权于中央,司法与行政合一;其五,民刑不分、诸法合体与民刑有分、诸法并用;其六,融合了以汉族为主体的各民族的法律意识和法律原则。

此后不久,中共中央提出中华民族的伟大复兴问题,借此机会,我连续发表了《重塑中华法系的几点思考》《中华民族的伟大复兴与重塑中华法系》二文,论证了中华民族的伟大复兴首先是文化的复兴,在文化的复兴中法文化的复兴又是重要一部分,所谓重塑中华法系绝不是复旧,主要就是弘扬悠久的中华法文化的民主性精华,总结中国法制历史中超越时空的民主性因素与值得重视的历史借鉴,从而丰富中国特色的社会主义法制,是将历史与现实、中国与世界优秀的法律成果融合在一起,建设新时代的中华法系。

为了传承民国时期中华法系的研究成果,并展示研究中华法系的价值,我于2007年撰写《中华法系的回顾与前瞻》一文,并以此为题主编了《中华法系的回顾与前瞻》一书,于2007年8月由中国政法大学出版社出版。书中我对中华法系的价值提出以下几点:

1. 中华法系体现了中国文化的博大精深，可以看作是中华法制文明的集中体现。中华法系具有惊人的感染力和渗透力，使得周边国家的法律制度、社会风气乃至生活习惯，都带有中华法系的烙印，形成了一个以儒家学说为主导的法文化圈。

2. 中华法系是中华民族理性和智慧的结晶与伟大创造力的体现，包含了许多跨越时空的合理性和民主性的制度因素与丰富的思想资源。

3. 中华法系是生成于中国本土上的一个法系，它源远流长，具有强大的生命力。它的悠久性、完整性、系统性、典型性，是世界上其他法系所不具备的。

4. 中华法系的命运是和古代中国的命运紧密联系在一起的。国家的存在与持续发展是中华法系的强大支持力量，而中华法系又对国家的稳定与兴盛发挥着重要的作用。

此后又连续发表了《人本主义——中华法系特点之一》《解读中华法系的本土性》《多元一体法文化：中华法系凝结少数民族的法律智慧》等一系列文章。

六、积极推动对中国法文化和比较法制史的研究

20 世纪 80 年代末 90 年代初，"文化热"席卷神州。我于 1991 年 3 月 19 日在《人民日报》（海外版）发表《简谈中国法

律文化》一文，提倡研究中国法文化；1991年5月，又在《政法论坛》上发表了《中国古代法律文化论纲》一文；1995年，在《政法论坛》第3期上发表《论礼——中国法文化的核心》；2006年，在《中国文化的传承与创新》上发表《综论独树一帜的中华法文化》一文。

除此之外，在1983年第一次中国法律史学会年会上，提倡开展比较法制史的研究。1987年，我在《光明日报》上发表了《开展比较法制史的研究》一文，提出随着法制史科学的发展，开展中外比较法制史的研究不仅必要，而且也具备条件。在大学法律院校开设比较法制史课程，也应提到日程上来。随后，我在1988年第6期、1989年第1期《政法论坛》上连载发表了长文《中外法制历史比较研究刍议》。

对于中国法文化与比较法制史的研究，我没有精力也无暇进行深入的研究工作，我所能做的就是开风气之先，希望大家去关注而已。

七、以史为鉴加强社会主义法制建设

我一直认为法制史学研究的是过去，面对的是现实，法制学的重要价值之一就在于为当前的法制建设提供历史的借鉴。1986年6月，我为中共中央书记处讲授法律课时，我的讲题就是《谈谈中国法制历史的借鉴问题》。在这个报告中，我从宏观上提出具有现实性的四点借鉴：其一，盛世与法制；其二，改制与更法；其三，治法与治吏；其四，礼乐政刑，综合治理。这四点都以确凿的中国法制历史为基础，因而具有说服力，得到充分肯定。正因为如此，1995年、1998年全国人大常委开设法律课时，都请我去主讲，这两次讲课，题目有所不同，但基本精神都是弘扬中华法文化的价值，吸取中国法制历史的借鉴。2012年，我还出版了专著《镜鉴心语：法史研究中的古与今》，表达了我在这方面的认识。

八、完成了中国法制文明史的专著

从人类社会发展的历程来看，由野蛮进入文明是以法制的出现作为重要标志的，法制文明是社会文明的一面重要窗口。除此之外，马克思在论及古代中国时曾提出"中国是早熟的文明小孩"，法制文明也同样是早熟的。公元前11世纪，周朝的立法建制雄辩地说明了这一点。基于以上两种认识，我逐渐把对中国法制历史的研究移向中国法制文明史。1999年11月，由中国政法大学出版社出版了《中华法制文明的演进》，这是我研究中华法制文明的第一部著作，此书获得了中国图书奖。此书在第二版时，以法制文明作为主线，做了较大的修改。修改后的《中华法制文明的演进》获得教育部哲学社会科学二等奖。2003年12月,出版了我撰写的《中国近代社会与法制文明》作为前书的续编。2010年起,我开始撰写《中华法制文明史》,内含古代卷、近代卷、当代卷,全书共150万字,于2013年由法律出版社出版。由撰写中国法制史到撰写中国法律史,再到撰写中国法制文明史,反映了我治学的三个阶段。我认为,中华法制文明的历史历数千年而从未中断,其文化底蕴之深厚,法律发展的连续性、系统性、完整性均为世界文明古国所仅见。它既是中华民族智慧与创造力的结晶,也为世界法文化宝库做出了重要贡献。

60多年来,我的学术研究领域颇为宽广,一直坚持我的信条,不敢偷懒,不敢自满,虽然八十有二,但仍兢兢业业,不敢稍懈。匆匆草成学术自述,如有不妥,敬希批评指正。

2012年9月3日

附二 在法律史研究中破除西方中心论
——访著名法学家张晋藩先生

《行政管理改革》：张先生您好！由您担任总主编的十卷本《中国法制通史》新版已在中国法制出版社出版。全书500余万字，从夏商周至新民主主义政权，对中国法制史进行了全方位总结。全书以大量客观史料为基础，详细讲解了中国历史上不同时期的立法概况、法制思想、行政法律、刑事法律、民商事法律、经济法律、司法制度等，梳理了中国法律制度的发展脉络，呈现了中华法制文明的深厚底蕴，挖掘和传承了中华优秀传统法律文化和思想，同时汲取智慧与经验，反思教训，为当下中国的法治建设提供了历史借鉴，具有极高的历史文化研究价值和重要的现实意义。请问，是什么原因促使您组织编写这样一部皇皇巨著的？

张晋藩：这次编书与"志"有关。正因如此，虽然事隔多年依然记忆犹新。

改革开放前，除个别学科有可能与外国进行交流外，我国的学术研究交流基本上处于封闭状态。研究中国法制史学的学者，不了解外国学者研究中国法制史学的状态，而外国研究中国法制史的学者，也不了解中国法制史学者的学术近况。可以说两不相知。

改革开放以后，国门大开，各种学科的学者纷至沓来，应接不暇。中国法制史学也是如此。我作为中国人民大学中国法制史学的代表，在1980年前后几次接待了日本研究中国法制史学者滋贺秀三、岛田正郎，美国学者爱德华兹（R. Randle Edwards）、蓝德彰（John Dexter Langlois）。从他们口中，我知道日本研究中国法制史的学者遍及老中青三代，特别感到新鲜的是，美国学者利用明清两代的档案从事中国法制史的教学，这是一种新的教学方法。从谈话中最使我感到震撼的是，1980年之前在国外召开过三次中国法制史的国际研讨会，主办方多由日本学者牵头，与会者除日本学者外有美国学者、意大利学者、德国学者，还有中国大陆和台湾地区学者。除此之外，更触动我的是美国人蓝德彰教授（此人是第三次国际研讨会的组织者）坦诚地说："我们不知道有哪些有影响的中国法制史著作，当然也就无从知晓中国学者的状况。"

新中国成立以后，中国法制史学以马克思主义为主导思想，以唯物史观作为理论和方法论的基石，这是外国学者所不及的。

但我们最大的缺陷是30多年来仅仅出版了三册教材，没有编写成体系严整、内容充实、资料丰富、卷帙浩繁的中国法制史著作。中国是中国法制史生生不息的摇篮，然而中国法制史学的中心，当时却没有建立在中国。外国学者热心研究中国法制史是值得欢迎的，对他们的成果应予以重视，但我们自己要感到肩上担子的分量，激起奋发图强的雄心。

20世纪30年代，我国爱国的历史学家为了夺回汉学中心，曾经付出了极大的努力，取得了辉煌的成就，造就了一代卓越的史学家。今天面对尖锐的挑战，如果我们只满足于前人的成果，甚至让我们的后代向外国学者学习中国法制史，岂不是一种罪过？因此，我筹划编写《中国法制通史》多卷本，力图借此把中国法制史学的研究中心牢固地建立在中国。这是时代的需要，法治史学发展的需要，也是中国法制史学者义不容辞的历史责任。

《行政管理改革》：《中国法制通史》的编写工作是什么时候启动的呢？编写工作是否顺利？

张晋藩：编写工作充满了曲折。我提出编写《中国法制通史》多卷本的建议，是1979年8月在中国法律史学会的成立大会上。

我当时讲的主要内容：一是历史不容割断，也不能割断。

研究历史的目的，归根结底是为现实提供借鉴。在悠久的中国法制历史中，凝聚着治国理政的丰富经验和智慧，集中体现了中华民族的精神。尽管时移世易、沧桑变幻，但其中依然蕴藏着产生新智慧、创造新经验的深厚的文化底蕴。以马克思主义为指导思想的中国法制史学，不仅要科学地说明中国历史上各种类型的法制的性质，揭示其固有的规律，而且要批判地汲取前人的经验，为健全和完善社会主义的法制服务。

二是中国法制史的研究对象决定了它不应泛论国家制度的各个方面，而应着重研究各种类型的法律制度的本质、特点及其司法活动。我们的研究要解决与建立学科体系有关的一些问题，严格审定研究的对象和研究的范围，改变过去存在的对象不清、内容庞杂的倾向。

三是应该把法律的内容、法制的变迁与同一时代的经济基础、阶级结构的变化有机糅合在一起，借以阐明其内在联系和相互关系，做出符合历史真实的科学评价。

四是我们不仅要从典章文献入手研究法制史，而且还要从国家活动中去把握法治的本质与规律。

五是研究法制史既要研究典章制度，也要见人物、见思想，这不仅有助于了解法治本身，还可以从中看到法治发展的思想动因、时代的特征和阶级的意向。

与此同时，还要大力发掘、整理、编纂中国法制史料，包括地下文物、社会习惯调查、历史档案、私家笔记、檄文、告示、规约、教义、军律，等等。

在此基础上，我提出应该编写《中国法制通史》多卷本，围绕十个方面开展专题研究：一是中国国家与法起源的具体途径；二是封建专制主义的政治制度两千多年来螺旋上升的基础、历史作用与深远影响；三是儒家（**包括宋明理学家**）提倡的纲常名教对于立法与司法的影响；四是以保障家长统治权为中心的家法、族规在整个法律体系中的地位；五是民刑不分、诸法合体的成因与它所反映的社会关系；六是法治、人治、礼治、德治的相互为用；七是中央政府对少数民族地区司法管辖的深入，对巩固统一多民族国家的作用；八是明清刑名书吏对诉讼的操纵；九是西方资产阶级法制的影响及其在中国的变异；十是社会主义法制发展的道路和特点。《中国法制通史》的规模建议定为十卷，500万字。

以上设想和建议得到与会同志们的一致赞同，大家都希望此事能尽快落实。所以，第二年，也就是1980年1月，我就主持召开了第一次编写会议，有20多人出席。这20多人基本上也就是当时从事中国法制史教学研究的全部人数了。经过三天讨论，大家明确了编写中的许多细节问题，但同时也遗憾地认识到当时无论人力、财力、研究的基础、资料的状况，都不具备立即开展这一浩大工程的条件，所以编写工作只能推迟，等待条件成熟。

《行政管理改革》：真是不容易！那么这样一个法制史的浩大工程最终是如何完成的呢？

张晋藩：第二次编写会议是在五年后也就是1985年春天召开的，当时情况有了显著改善。编写《中国法制通史》多卷本被列入国家"七五"科研规划，并得到了资助，研究力量也逐渐得到了充实。在这次会议上确定了总主编和各分卷主编，明确了计划要求和出版事宜等。

但是由于这是一项艰巨的科研工程，难度很大，"七五"规划期内仅出版了两卷，经过有关机关审定再次纳入"八五"规划。这期间又面临出版社改制，自负盈亏，出现了学术著作出版难的问题。直到20世纪末才全部出版问世。在此书的首发式上，与会的中外学者盛赞此书是"世纪之作"。弹指一挥间，40多年过去了，在此期间两卷主编过世，两卷主编认为此书出版无望退出，最后终能问世就在于全体编写人员立志不移，不达目的誓不罢休，体现了奋发进取、百折不挠的精神。在此书新版问世之际，回忆起这些过往，实在颇有沧桑之感。

《行政管理改革》：很多人认为中国古代没有民法，但是2003年您还主编出版了百万字的《中国民法通史》，以中国古代和近现代的民事法律为研究对象，通过对中国民法史的研究，全面展示了中华民族自奴隶制社会至中华人民共和国成立前4000多年的民事立法概况、发展演化脉络、各个社会历史类型的民事立法特点及规律性。请问您为什么要编这样一部书呢？

张晋藩：习近平总书记2020年曾经在《求是》发表文章《充分认识颁布实施民法典重大意义 依法更好保障人民合法权益》，指出"民法典系统整合了新中国成立70多年来长期实践形成的民事法律规范，汲取了中华民族5000多年优秀法律文化，借鉴了人类法治文明建设有益成果"，我研究和撰写中国民法史著作，就是想修正学术界在西方中心论影响下不承认中国固有民法的认识。

19世纪，英国法学家梅因在《古代法》书中提出"大凡半开化的国家，民法少而刑法多"[①]。日本学者根据梅因的观点进而论证中国古代只有刑法而没有民法。1902年浅井虎夫指出："（中国）上下四千载，法典数目百种。无虑皆公法典之属，而

---

① 〔英〕梅因：《古代法》，沈景一译，商务印书馆1959年版，书首李祖荫"小引"。

私法典乃无一焉。"① 在西方中心论盛行之际，这些观点对于法制史学者乃至民法学者都有极大的消极影响，以致学贯中西的梁启超也在《论中国成文法编制之沿革得失》一文中，以肯定的语气说："我国法律界最不幸者，私法部分全付阙如之一事也。""我国法律之发达垂三千年，法典之文，万牛可汗，而关于私法之规定，殆绝无之。""此所以法令虽如牛毛，而民法竞如麟角。"② 民国时期著名法制史学者如杨鸿烈、陈顾远在他们的著作中也只认为极少数的民事法律条文杂糅于刑法典当中，按刑法处理，而不存在独立的民法。1967 年，美国学者卜德（Derk Bodde）和克莱伦斯·莫里斯（Clarence Morris）仍然重复以往的论调，说："（在帝制中国）民事性质的问题或者被完全忽略，或者被以刑事的方式进行有限的处理。"③ 这对于改革开放以后留学外国的年轻学生也很有影响，导致他们人云亦云漠视中国古代的民法问题。需要指出，自唐律起，每一部刑法典

---

① 〔日〕浅井虎夫：《中国法典编纂沿革史》，陈重民译，中国政法大学出版社 2007 年版，第 268 页。

② 梁启超：《论中国成文法编制之沿革得失》，见《饮冰室合集·文集之十六》，中华书局 1989 年版，第 52—53 页。

③ Morris, *Law in Imperial China: Exemplified by 190 Ch'ing Dynasty Cases with Historical Socialani Juridical Commentaries*, Cambridge: Harvard University Press, 1967, p. 4.

中都含有完全意义上的民法条款，不含刑罚制裁的内容。另一方面必须看到，从唐朝起，有些民事立法已经独立于刑法典之外，如唐令中的《户令》《田令》《仓库令》《赋役令》《户婚令》等。至宋朝，单行的民法多见于民事的司法审判中，《名公书判清明集》判决中的"准法""按法"都是单行的民事法律。特别是宋朝商品经济的发展，推动了租佃制度和典卖借贷的债权、债务关系的发展。尤其是婚姻、家庭、继承方面都有显著的变化，如妇女享有广泛的继承权等。至清代，《户部则例》是对《大清律例》中民事立法的重要补充。

晚清修律时将大清现行刑律中的民事有效部分不在刑科，作为独立的民法，一直适用到1928年国民政府民法典公布之后才宣告终止。

我根据中国法制史的教学研究经验，认为西方学者断言中国古代只有刑法没有民法，是因为他们研究中国法制史主要接触的是中国历史上著名的法典，如《唐律疏议》，这限制了他们的视野。

《行政管理改革》：还有很多人认为中国古代就算有民法，那也是"诸法合体，民刑不分"的。对此您是怎么看的？

张晋藩：西方学者接触到的中国法制史，主要是以《唐律疏议》为代表的刑法典，而不是浩如烟海的年代久远的中国法制历史，作为刑法典一直到《大清律例》，其框架结构都是"诸法合体、民刑不分"的，有些民事案件虽不免于刑责，但这种案件多半是民事附带刑事，不能由此得出中国古代民法都按刑法处理的结论。

需要指出，一部法典的框架结构不能混同于一个国家的法律体系，中国古代的法律体系也是由对象不同的若干部门法组成的，既有民法，也有行政法，既有经济法，也有诉讼法。所以，一部法典的框架绝不等于法律体系的全部。我在1983年中国法律史学会第一次年会上发言提出"民刑不分，诸法合体"是一部法典的框架结构，而"民刑有分，诸法并用"是一国的法律体系，两者不能混淆。如前所述，民事立法很早便在中国法律体系中占有一定位置，所以法制史研究要开创新的领域。不仅民法史，行政法史、经济法史等也都应进行研究。对于少数民族的法制史也应重视，加以研究。至于说中国古代没有形成独立的民法典，那是由国情所决定的。不能因此说中国古代没民法。当时我的发言得到大多数人的支持，少数从国外学习民法归来的年轻学者，似乎不甚理解。为了论证我的观点，我开始认真研究中国民法史。1985年，我在《政法论坛》第5期发表了《论中国古代民法研究中的几个问题》，文中提出不能从主要法典编纂形式上的民刑不分得出中国古代没有民法的结论,分析了中国古代民法的发展阶段和时代特点,并且提出了从中国古代民法中吸取哪些历史的借鉴。1998年我出版专著《清代民法综论》,2003年我主编出版了百万字的《中国民法通史》,2011年我撰写了《从晚清修律官"固有民法论"所想到的》一文。晚清宣统三年九月初五日,修订法律大臣俞廉三等在《奏呈编辑民律前三编草案告成折》中说:"吾国民法,虽古无专书,然其概要,备详周礼地官司市以质剂,结信而止讼。郑注质剂,谓两书一札而别之,言保物要还。又质人掌稽市之书契,同其度量,壹其纯制,巡而考之,是为担保物权之始。又媒氏掌万民之判,凡娶判妻入子者皆书之,是为婚姻契约之始。又秋官司约之治民、治地、治功、治挈诸约,郑注谓治者,理其相抵冒上下之差。大率不外租挈、经界、功事、往来等项,实即登记之权舆。其他散隶六典者,尚难缕举,特不尽属法司,为不同耳。汉兴去古未远,九章旧第户居其一,厥后渐更增益,令甲以下流派滋繁,风习相沿,因革可溯。徒以尸素之俦,鄙夷文法,茅茨之士,罔知诵言,遂令古府旧藏,随代散佚。贞观准开皇之旧,凡户婚、钱债、田土等事,摭取入律,宋以后因之,至今未替,此为中国固有民法之明证。"①

---

① 《清末筹备立宪档案史料》(下册),中华书局1979年版,第911—912页。

我写此文，很想借助百年前修订法律大臣的"固有民法论"，修正西方中心论影响下的不承认中国固有民法的说法。我在文中一方面大量引用历代纯粹民事法律条款，包括少数民族的民事立法，借以显示中国古代民法的地位和价值。同时，我还在文章中着重介绍了中国古代的债法，以回答"中国古代契约关系不发达造成民法的缺失"的论点。2020年9月，我发表了以清代民法为视角的《论中国古代民法》，文中着重阐述了以《大清现行刑律》中的民事法律为有效部分，独立审判的民事案件。现列举大理院判例如下：

例一，民国二年上字第六四号判例："判断民事案件应先依法律所规定，无法律明文者，依习惯法；无习惯法者，则依条理，盖通例也。现在民国民法法典尚未颁行，前清《现行律》关于民事各规定继续有效，自应根据以为判断。"①

例二，民国三年上字第七〇号判例："即习惯之适用，亦必以法令所未规定或所许之事项为限。《现行律例》既有立嗣专条，自无先行适用习惯之理。"②

---

① 黄源盛：《大理院民事判例辑存（1912—1928）总则编》，元照出版有限公司2012年版，第10页。

② 黄源盛：《大理院民事判例辑存（1912—1928）总则编》，元照出版有限公司2012年版，第16页。

例三，民国三年上字第三〇四号判例："民国民法法典尚未颁布，前清之《现行律》，除制裁部分及与国体有抵触者外，当然继续有效。至前清《现行律》虽名为《现行刑律》，而除普通刑事部分外，关于特别刑法、民商事及行政法之规定仍属不少，自不能以名称为'刑律'之故，即误会其为已废。"①

例四，民国三年上字第一一九八号判例："前清《现行律例》关于民事各成文法相抵触之部分外，现仍继续有效……适用习惯，必须法律无明文规定者而后可。"

《大清现行刑律》中的民事有效部分以及在现实中的应用，有力地破除了认为中国古代没有民法的西方中心论。

以上可见，中国法制史体现了中华民族的一种精神，一种文化与道德并重的价值取向，我们要从历史与实践的结合上深入理解和贯彻"以史为镜、以史明志，知史爱党、知史爱国"。

[原载《行政管理改革》2021 年第 11 期，
采访者是中共中央党校（国家行政学院）
报刊社编辑林珊珊]

---

① 黄源盛：《大理院民事判例辑存（1912—1928）总则编》，元照出版有限公司 2012 年版，第 24 页。

国家新闻出版广电总局
首届向全国推荐中华优秀传统文化普及图书

大家小书书目

国学救亡讲演录	章太炎 著 蒙木 编
门外文谈	鲁迅 著
经典常谈	朱自清 著
语言与文化	罗常培 著
习坎庸言校正	罗庸 著 杜志勇 校注
鸭池十讲（增订本）	罗庸 著 杜志勇 编订
古代汉语常识	王力 著
国学概论新编	谭正璧 编著
文言尺牍入门	谭正璧 著
日用交谊尺牍	谭正璧 著
敦煌学概论	姜亮夫 著
训诂简论	陆宗达 著
金石丛话	施蛰存 著
常识	周有光 著 叶芳 编
文言津逮	张中行 著
经学常谈	屈守元 著
国学讲演录	程应镠 著
英语学习	李赋宁 著
中国字典史略	刘叶秋 著
语文修养	刘叶秋 著
笔祸史谈丛	黄裳 著
古典目录学浅说	来新夏 著
闲谈写对联	白化文 著
汉字知识	郭锡良 著
怎样使用标点符号（增订本）	苏培成 著
汉字构型学讲座	王宁 著

诗境浅说	俞陛云 著	
唐五代词境浅说	俞陛云 著	
北宋词境浅说	俞陛云 著	
南宋词境浅说	俞陛云 著	
人间词话新注	王国维 著	滕咸惠 校注
苏辛词说	顾随 著	陈均 校
诗论	朱光潜 著	
唐五代两宋词史稿	郑振铎 著	
唐诗杂论	闻一多 著	
诗词格律概要	王力 著	
唐宋词欣赏	夏承焘 著	
槐屋古诗说	俞平伯 著	
词学十讲	龙榆生 著	
词曲概论	龙榆生 著	
唐宋词格律	龙榆生 著	
楚辞讲录	姜亮夫 著	
读词偶记	詹安泰 著	
中国古典诗歌讲稿	浦江清 著	
	浦汉明 彭书麟 整理	
唐人绝句启蒙	李霁野 著	
唐宋词启蒙	李霁野 著	
唐诗研究	胡云翼 著	
风诗心赏	萧涤非 著	萧光乾 萧海川 编
人民诗人杜甫	萧涤非 著	萧光乾 萧海川 编
唐宋词概说	吴世昌 著	
宋词赏析	沈祖棻 著	
唐人七绝诗浅释	沈祖棻 著	
道教徒的诗人李白及其痛苦	李长之 著	
英美现代诗谈	王佐良 著	董伯韬 编
闲坐说诗经	金性尧 著	
陶渊明批评	萧望卿 著	

古典诗文述略	吴小如 著	
诗的魅力		
——郑敏谈外国诗歌	郑 敏 著	
新诗与传统	郑 敏 著	
一诗一世界	邵燕祥 著	
舒芜说诗	舒 芜 著	
名篇词例选说	叶嘉莹 著	
汉魏六朝诗简说	王运熙 著	董伯韬 编
唐诗纵横谈	周勋初 著	
楚辞讲座	汤炳正 著	
	汤序波 汤文瑞 整理	
好诗不厌百回读	袁行霈 著	
山水有清音		
——古代山水田园诗鉴要	葛晓音 著	
红楼梦考证	胡 适 著	
《水浒传》考证	胡 适 著	
《水浒传》与中国社会	萨孟武 著	
《西游记》与中国古代政治	萨孟武 著	
《红楼梦》与中国旧家庭	萨孟武 著	
《金瓶梅》人物	孟 超 著	张光宇 绘
水泊梁山英雄谱	孟 超 著	张光宇 绘
水浒五论	聂绀弩 著	
《三国演义》试论	董每戡 著	
《红楼梦》的艺术生命	吴组缃 著	刘勇强 编
《红楼梦》探源	吴世昌 著	
《西游记》漫话	林 庚 著	
史诗《红楼梦》	何其芳 著	
	王叔晖 图	蒙 木 编
细说红楼	周绍良 著	
红楼小讲	周汝昌 著	周伦玲 整理

曹雪芹的故事	周汝昌 著	周伦玲 整理
古典小说漫稿	吴小如 著	
三生石上旧精魂		
——中国古代小说与宗教	白化文 著	
《金瓶梅》十二讲	宁宗一 著	
中国古典小说名作十五讲	宁宗一 著	
古体小说论要	程毅中 著	
近体小说论要	程毅中 著	
《聊斋志异》面面观	马振方 著	
《儒林外史》简说	何满子 著	
我的杂学	周作人 著	张丽华 编
写作常谈	叶圣陶 著	
中国骈文概论	瞿兑之 著	
谈修养	朱光潜 著	
给青年的十二封信	朱光潜 著	
论雅俗共赏	朱自清 著	
文学概论讲义	老舍 著	
中国文学史导论	罗庸 著	杜志勇 辑校
给少男少女	李霁野 著	
古典文学略述	王季思 著	王兆凯 编
古典戏曲略说	王季思 著	王兆凯 编
鲁迅批判	李长之 著	
唐代进士行卷与文学	程千帆 著	
说八股	启功 张中行 金克木 著	
译余偶拾	杨宪益 著	
文学漫识	杨宪益 著	
三国谈心录	金性尧 著	
夜阑话韩柳	金性尧 著	
漫谈西方文学	李赋宁 著	
历代笔记概述	刘叶秋 著	

周作人概观	舒 芜 著	
古代文学入门	王运熙 著	董伯韬 编
有琴一张	资中筠 著	
中国文化与世界文化	乐黛云 著	
新文学小讲	严家炎 著	
回归，还是出发	高尔泰 著	
文学的阅读	洪子诚 著	
中国文学1949—1989	洪子诚 著	
鲁迅作品细读	钱理群 著	
中国戏曲	么书仪 著	
元曲十题	么书仪 著	
唐宋八大家 ——古代散文的典范	葛晓音 选译	
辛亥革命亲历记	吴玉章 著	
中国历史讲话	熊十力 著	
中国史学入门	顾颉刚 著	何启君 整理
秦汉的方士与儒生	顾颉刚 著	
三国史话	吕思勉 著	
史学要论	李大钊 著	
中国近代史	蒋廷黻 著	
民族与古代中国史	傅斯年 著	
五谷史话	万国鼎 著	徐定懿 编
民族文话	郑振铎 著	
史料与史学	翦伯赞 著	
秦汉史九讲	翦伯赞 著	
唐代社会概略	黄现璠 著	
清史简述	郑天挺 著	
两汉社会生活概述	谢国桢 著	
中国文化与中国的兵	雷海宗 著	
元史讲座	韩儒林 著	

魏晋南北朝史稿	贺昌群	著
汉唐精神	贺昌群	著
海上丝路与文化交流	常任侠	著
中国史纲	张荫麟	著
两宋史纲	张荫麟	著
北宋政治改革家王安石	邓广铭	著
从紫禁城到故宫 ——营建、艺术、史事	单士元	著
春秋史	童书业	著
明史简述	吴晗	著
朱元璋传	吴晗	著
明朝开国史	吴晗	著
旧史新谈	吴晗 著	习之 编
史学遗产六讲	白寿彝	著
先秦思想讲话	杨向奎	著
司马迁之人格与风格	李长之	著
历史人物	郭沫若	著
屈原研究（增订本）	郭沫若	著
考古寻根记	苏秉琦	著
舆地勾稽六十年	谭其骧	著
魏晋南北朝隋唐史	唐长孺	著
秦汉史略	何兹全	著
魏晋南北朝史略	何兹全	著
司马迁	季镇淮	著
唐王朝的崛起与兴盛	汪篯	著
南北朝史话	程应镠	著
二千年间	胡绳	著
论三国人物	方诗铭	著
辽代史话	陈述	著
考古发现与中西文化交流	宿白	著
清史三百年	戴逸	著

清史寻踪	戴逸 著	
走出中国近代史	章开沅 著	
中国古代政治文明讲略	张传玺 著	
艺术、神话与祭祀	张光直 著	
	刘静 乌鲁木加甫 译	
中国古代衣食住行	许嘉璐 著	
辽夏金元小史	邱树森 著	
中国古代史学十讲	瞿林东 著	
历代官制概述	瞿宣颖 著	

宾虹论画	黄宾虹 著	
中国绘画史	陈师曾 著	
和青年朋友谈书法	沈尹默 著	
中国画法研究	吕凤子 著	
桥梁史话	茅以升 著	
中国戏剧史讲座	周贻白 著	
中国戏剧简史	董每戡 著	
西洋戏剧简史	董每戡 著	
俞平伯说昆曲	俞平伯 著	陈均 编
新建筑与流派	童寯 著	
论园	童寯 著	
拙匠随笔	梁思成 著	林洙 编
中国建筑艺术	梁思成 著	林洙 编
沈从文讲文物	沈从文 著	王风 编
中国画的艺术	徐悲鸿 著	马小起 编
中国绘画史纲	傅抱石 著	
龙坡谈艺	台静农 著	
中国舞蹈史话	常任侠 著	
中国美术史谈	常任侠 著	
说书与戏曲	金受申 著	
世界美术名作二十讲	傅雷 著	

中国画论体系及其批评	李长之 著	
金石书画漫谈	启 功 著	赵仁珪 编
吞山怀谷		
——中国山水园林艺术	汪菊渊 著	
故宫探微	朱家溍 著	
中国古代音乐与舞蹈	阴法鲁 著	刘玉才 编
梓翁说园	陈从周 著	
旧戏新谈	黄 裳 著	
民间年画十讲	王树村 著	姜彦文 编
民间美术与民俗	王树村 著	姜彦文 编
长城史话	罗哲文 著	
天工人巧		
——中国古园林六讲	罗哲文 著	
现代建筑奠基人	罗小未 著	
世界桥梁趣谈	唐寰澄 著	
如何欣赏一座桥	唐寰澄 著	
桥梁的故事	唐寰澄 著	
园林的意境	周维权 著	
万方安和		
——皇家园林的故事	周维权 著	
乡土漫谈	陈志华 著	
现代建筑的故事	吴焕加 著	
中国古代建筑概说	傅熹年 著	
简易哲学纲要	蔡元培 著	
大学教育	蔡元培 著	
	北大元培学院 编	
老子、孔子、墨子及其学派	梁启超 著	
春秋战国思想史话	嵇文甫 著	
晚明思想史论	嵇文甫 著	
新人生论	冯友兰 著	

中国哲学与未来世界哲学	冯友兰 著	
谈美	朱光潜 著	
谈美书简	朱光潜 著	
中国古代心理学思想	潘菽 著	
新人生观	罗家伦 著	
佛教基本知识	周叔迦 著	
儒学述要	罗庸 著	杜志勇 辑校
老子其人其书及其学派	詹剑峰 著	
周易简要	李镜池 著	李铭建 编
希腊漫话	罗念生 著	
佛教常识答问	赵朴初 著	
维也纳学派哲学	洪谦 著	
大一统与儒家思想	杨向奎 著	
孔子的故事	李长之 著	
西洋哲学史	李长之 著	
哲学讲话	艾思奇 著	
中国文化六讲	何兹全 著	
墨子与墨家	任继愈 著	
中华慧命续千年	萧萐父 著	
儒学十讲	汤一介 著	
汉化佛教与佛寺	白化文 著	
传统文化六讲	金开诚 著	金舒年 徐令缘 编
美是自由的象征	高尔泰 著	
艺术的觉醒	高尔泰 著	
中华文化片论	冯天瑜 著	
儒者的智慧	郭齐勇 著	
中国政治思想史	吕思勉 著	
市政制度	张慰慈 著	
政治学大纲	张慰慈 著	
民俗与迷信	江绍原 著	陈泳超 整理

政治的学问	钱端升 著	钱元强 编
从古典经济学派到马克思	陈岱孙 著	
乡土中国	费孝通 著	
社会调查自白	费孝通 著	
怎样做好律师	张思之 著	孙国栋 编
中西之交	陈乐民 著	
律师与法治	江 平 著	孙国栋 编
中华法文化史镜鉴	张晋藩 著	
新闻艺术（增订本）	徐铸成 著	
经济学常识	吴敬琏 著	马国川 编
中国化学史稿	张子高 编著	
中国机械工程发明史	刘仙洲 著	
天道与人文	竺可桢 著	施爱东 编
中国医学史略	范行准 著	
优选法与统筹法平话	华罗庚 著	
数学知识竞赛五讲	华罗庚 著	
中国历史上的科学发明（插图本）	钱伟长 著	

出版说明

"大家小书"多是一代大家的经典著作,在还属于手抄的著述年代里,每个字都是经过作者精琢细磨之后所拣选的。为尊重作者写作习惯和遣词风格、尊重语言文字自身发展流变的规律,为读者提供一个可靠的版本,"大家小书"对于已经经典化的作品不进行现代汉语的规范化处理。

提请读者特别注意。

北京出版社